디지털에서 인간을 발견하다

서문

얼마 전 초등학교에 입학한 딸이 있다. 그녀는 세상 모든 것들과 연결된 새롭고 편리한 세상을 마주하며 살아왔다. 우리에게는 새로운 디지털 세상이었지만, 아이는 태어나자마자 자연스럽게 디지털 세상과 마주치게 된 것이다. 딸이 대학을 졸업하는 즈음에는 존재하는 직업의 70%가 사라질 것이다. 전혀 알지 못했던 새로운 일자리를 찾아야 하는 딸 세대는 새로운 시대에 어떻게 적응해 나가야 할까.

인공지능, 자율 주행 자동차, 드론, 빅데이터 등 4차 산업혁명이 진행되고, 딸은 스마트폰 외에 다양한 소프트웨어나 하드웨어를 장착한 채 생활하게 될 것이다. 그녀가 적응해야 하는 세계는 4차 산업혁명이라는 물리적 공간이 포함되는 것은 물론이고 정보가 축적되고, 연산 분석되는 사이버 공간까지 포함한다.

그리고 그 속도는 예상치 못한 속도로 진행될 전망이다. 스크린과 네트워크가 펼쳐진 세상은 우주라도 내다볼 수 있을 정도로 확장되고 넓어지고 있다. 하지만 우리는 그 스크린 속에 갇혀 살고 있는건 아닐까?

가족들과 외식을 한 적이 있다. 마주앉은 식당에는 고등학교 학생으로 보이는 형제 2명과 부모가 앉아있었다. 그들은 같은 식탁에 앉아있었지만 서로 다른 세계에 몰입하고 있었다. 주문을 마친 뒤 각자의 스마트폰을 들여다보고 있었는데, 예전이라면 충격적일 수도 있었으나 이같은 모습은 이제 흔히 볼 수 있는 모습이 되어버리고 말았다. 함께하고 있지만 궁극적으로는 고립된 채 살아가는 디지털 인류의 전형적인 모습이다.

스티브 잡스는 23세 때 백만장자에 들어섰고, 25세 때 1억 달러 넘는 부호가 되었지만, 그의 가장 큰 관심사는 그가 만든 제품이 사람들에게 어떤 가능성을 열어줄 수 있는가 하는 것이었다. 아이폰이 바로 그것이다. 그는 새로운 시대로 도약할 수 있는 위대한 제품을 만들었다. 그것으로 우리는 얼마나 많은 가능성을 엿볼 수 있는가. 그리고 예측한대로 코드가 세상을 지배하는 날이 우리 앞에 다가왔다.

컴퓨터조차 다룰 줄 몰랐던 윌리엄 깁슨은 40년 전에 디지털 미래를 예측한 걸출한 소설『뉴로맨서』를 내놓았다. 처음 읽었을 때는 도저히 이해하기 힘들었다. 집중해서 몇 번을 읽고 나서야 그 안에 숨겨진 천만금보다 큰 보물을 찾아내는 기쁨을 맛보았다. 신선한 충격이었다. 스티브 잡스와 윌리엄 깁슨은 IT분야에서 내게는 특별한 스승이다.

새로운 첨단 기술 소식과 디지털 도구 등 신세계는 계속 펼쳐지고 있다. 앞으로도 계속 그럴 것이다.

첨단기술은 우리의 삶을 넘치도록 풍요롭게 해주고 있다. 하지만 그것만이 전부는 아니다. 디지털 세상이 가져다주는 기술의 속도에 적응하기 위해서 우리들은 분주히 움직인다. 마음에는 우리가 알 수 없는 혼란과 동요가 깊숙이 침투해 소용돌이 치고 있고, 스크린과 네트워크가 보여 준 세계에 갇혀 있다. 내적 안식과 평화를 누리기 위해 하루라도 디지털 도구 없이 지내본 적이 없는 것 같다. IT미래는 점점 인간을 배제하면서 진행되고 있다. 한편으로는 우리의 삶을 위태롭게도 하고 있다. 디지털 도구들은 천천히 인간의 통제권에서 벗어나고 있다. 오히려 인간을 압박해 오고 있다.

지난해 미국 애리조나 주에 살고 있는 한 가정에서 벌어진 일이다. 아마존의 스마트 스피커 에코가 평화로운 가정에서 벌어지고 있는 일상의 대화가 녹음된 파일로 동료에게 전송하는 이상한 일이 벌어졌다. 부부는 동료로부터 전화를 받고 이 소식을 알게 됐는데 에코가 대화 중 '알렉사'처럼 라고 들리는 말 때문에 녹음을 시작했고, 다시 말을 잘못 알아듣고 메시지 전송을 한 것으로 밝혀졌다. 아마존은 이 사고가 예상 밖의 기술적 사고의 결과라면서 에코는 연이어

5개의 음성 명령을 잘못 듣고 명령을 실행했는데 이는 주머니 속 휴대폰이 잘못 눌려져 벌어진 일과 흡사하다고 언급했다.

어쩌면 이 사건에 대해 감사를 해야 할지 모른다. 더 큰 일이 벌어지기 전에 우리에게 커다란 경각심을 가져다주었기에.

우리는 사이버 공간에 머물면서 얻은 정보라는 자원을 현실에서 자본으로 환원할 수 있는 시대에 살고 있다. 우리는 현실 속에서 고통스럽고 괴로운 순간을 피하기 위해 가상공간으로 도피하기도 한다. 때로는 가상공간이라는 곳에서 현실에서 맛보지 못하는 기쁨을 맛보기도 한다. 하지만 정보사회의 가상공간 역시 침투당하고 있고 역시 안전한 지대가 아니다.

우리의 정체성마저 디지털 공간에 노출돼있다. 언제든지 공격이 가능한 채로 위험에 노출돼 있다. 디지털 도구에 저장된 우리의 모든 개인정보, 위치정보, 사생활은 쉽게 노출되고 있다. 테러리스트 손에 잡힌 초소형 드론과 로봇은 언제 어디서 폭탄을 던질지 모른다. 신분조작으로 우리를 디지털 공간에서 지워버리거나 다른 인물로 바꾸어 버릴 수 있다.

외국여행 후 공항에서 돌아오던 여행객, 누군가 갑자기 네트워크에 침입해 그를 지명수배자로 만들어 버린다면 어떻게 될까. 하소연 한들 쉽게 누명을 벗어날 수 있을까. 우리를 둘러싼 세상은 보이지 않는 거대한 손이 주도하는 거대한 조작에 노출되어 있다. 그 거대한 손은 기술일 가능성이 가장 높다. 테러리스트나 사악한 권력이 기술을 장악하고 주도할 경우 인간은 생각지 못한 위험과 고통은 물론 비참하고 나약한 존재로 전락해 버릴지 모른다.

또 현실과 미래는 심각하게 왜곡되고, 뒤틀리게 될 것이다. 해킹, 바이러스, 시스템조작, 쳇봇 등이 사이버 공간을 휘저을 것이기 때문이다. 영화나 도서 리뷰에 매겨진 별점처럼 한 사람의 운명이나 개인의 평점도 매겨질 것이다. 학자들은 인간의 생각마저 읽히고, 조작 가능한 세계가 다가올 것이라고 예측하고 있다. 기술에 대한 공포와 혼돈이 염려된다. 디스토피아의 가능성이 스멀스멀 기어 나오고 있다. 정보 사회에서 이제 더 이상 국가간의 경계는 존재하지 않게 될 것이다. 자본주의에 입각한 글로벌 기업이 주도되어 국가를 대신할 것이고 구글이나 페이스북이나 아마존 등이 그런 자리를 대체해 나가고 있다. 그들은 인류의 개인정보와 사생활정보를 독점하고, 이를 토대로 개인의 생각과 행동양식까지 분석해 우리의 삶을 통제해 나갈 것이다. 자본주의와 기술이 합쳐진 글로벌 첨단기업이 장악하는 그런 미래가 서서히 다가오고 있다.

이 책은 지난 2014년부터 경향신문에 연재된 칼럼과 한겨레 한국 동아일보 등 중앙일간지에 실린 칼럼들을 다듬은 내용과 다루지 못한 이야기, 하고 싶은 이야기들을 보태어 만든 글이다. 남녀노소는 물론 일반인들이 IT에 쉽게 접근할 수 있도록 심혈을 기울였다.

특히 4차 산업혁명과 IT관련 정보 보호, 프라이버시, 해킹, 인공지능, 개인정보 등 다양한 문제 등이 주제별로 다뤄졌다. 하지만 결국 이 책은 인간을 다룬 책이다. 디지털 속에 함몰되는 자아와 정체성마저 잃어가는 인간들이다.

영화 〈매트릭스〉가 제시하는 인간은 너무 비참하다. 그러나 우리에게 시사하는 바는 크다. 인공지능의 생명을 연장하기 위해 에너지로 사용하는 충전지로 사용되기 위해 매트릭스 안에 배양되고 있는 인간, 그런 영화 속 설정이 먼 훗날 현실처럼 다가오지 않으리라는 보장은 없다.

디지털 시대 우리는 지금 어디에 서 있고, 어디로 가는 것인가. 정말 우리는 디지털에서 인간을 발견할 수 있을까.

2019년 5월 최희원

목차

머리말

01
디지털이 가져다준 풍요와 혼란

비밀과 조작　17
스타벅스와 네트워크 인질　22
위험한 장난, 신분조작　28
애플은 왜 총기난사범의 잠금해제를 거부하나　33
얼굴이 이름표가 되는 안면인식의 위험　38
페이스북으로 현장 중계하는 테러범　44
카드 도난을 알려준 빅데이터　48
파리테러로 본 디지털 위험　54
누가 디지털 사회를 주도할 것인가　60

02
인간의 정체성을 앗아가다

히가시노 게이고의 '미등록자'와 생체인증　69

깨진 유리창 속의 개인정보　75

사이보그가 되어가는 디지털 인류　80

페이스북의 개인정보 유출　85

인공지능 통제불능 사회 오나　91

말을 알아듣는 가전제품, 그 이면의 충격　97

위치추적기와 프라이버시　102

디지털 위험에 노출된 어린이　108

개인정보를 쿠폰과 맞바꾸게 되면　113

03
자본주의 기반 디지털 제국의 지배

윌리엄 깁슨 '뉴로맨서', 미래를 예측하다　121

스티브 잡스와 이재용　127

구글의 배신　133

인공지능 시대의 구글과 소니 139
세계 위에 군림하는 구글 제국 145
아마존 디지털 블랙아웃의 문제 151
전 세계를 작동시키는 시스템, 구글 156
구글 비밀 프로젝트의 진실 162
쪼갤 수도 볼 수도 없는 '컴퓨터 바이러스' 167
게임중독 법안과 스티브 잡스 172

04
표적이 된 디지털 인류, 갈 곳을 잃다

해커는 무엇으로 사는가 179
삶의 한가운데로 들어온 SNS 185
불멸하는 데이터에 대한 우려와 기대 189
뇌속에 심어놓은 거대한 환상 194
샐러리맨이 되어가는 해커 200
해킹, 스파이 그리고 사찰 204
드론에 뚫리는 사회, 해커에 뚫리는 드론 210
스마트폰의 역습 215
핵무기보다 위협적인 사이버 무기 219

05
인간, 디지털 조작 사회에 갇히다

실시간 검색어라는 덫　227
네이버와 여론조작　232
스크린 속에 갇힌 인간　238
'트루먼 쇼'인가 현실인가　243
선거판을 뒤흔드는 해커　249
대통령 선거와 네이버　259
여론조작에 뛰어든 챗봇　260
드루킹의 댓글조작과 매크로　265
카카오톡 사찰의 교훈　270
스노든에게서 온 편지　275

01
디지털이 가져다준 풍요와 혼란

비밀과 조작

저는 가상현실이 진짜 현실보다 더 편하고 익숙합니다. 다행히 실재 세계를 선택하든 위조된 가상세계를 선택하든 제 의지를 전적으로 존중해 준 가족들에게도 늘 감사하고 있죠. 저는 컴퓨터에서 신비감을 항상 맛보곤 합니다. 일상에서 넘기 힘든 한계들이 디지털 세계에는 존재하지 않기 때문입니다. 거대한 국가기관이나 정보기관들의 네트워크도 저의 장난감에 불과할 뿐입니다. 마치 첩보영화의 주인공이 된 것 같고, 이때처럼 인생을 흥미진진하게 느껴본 적이 없죠. 물론 외줄을 타고 절벽을 건너는 것처럼 아슬

아슬하고 겁이 날 때도 있어요. 하지만 외롭고, 힘들지 않은 인생이 어디 있겠습니까.

저는 어려서부터 스스로 해킹을 배웠고, 보안을 뚫는 해킹기법을 연구했습니다. 손쉽게 목표물을 무력화시키고, 원하는 정보를 '술술' 제 컴퓨터로 옮겨다 주는 바이러스나 악성코드를 만들면서 피가 끓는 흥분을 만끽하기도 했습니다. 그리고 저는 계속 승리할 수 있을까 하는 질문을 던졌습니다. 악성코드나 바이러스 등 최첨단 사이버 무기, 해킹기법 등….

오랜 기간 첨단 해킹 기법을 연구하고, 코드에 몰두하던 저는 그것보다 더 공략이 쉽고 중요한 침입 시스템을 발견했습니다. 철통같은 최첨단 보안 시스템도 100% 승률을 보장하지 못하는 것은 기술적 시스템에 한계가 있기도 하지만, 그것을 운용하는 인간이라는 보안의 가장 취약한 연결고리가 존재하기 때문입니다.

바로 인간이 개입된 모든 침입 시스템입니다. 이해가 쉽도록 이야기를 들려드릴까요. 제가 타깃으로 한 회사를 정했습니다.

　마침 사람을 구하고 있더군요. 나는 물에 번진 이력서를 서류봉투에 넣고 회사를 찾아갑니다. 인사 담당자에게 어둡고 슬픈 표정으로 호소합니다. 암병동에 있는 어린 딸을 면회하고 나오다가 이력서에 물을 쏟았다고 말입니다. 그리고 물에 번진 이력서를 다시 출력할 수 있겠느냐고 도움을 청합니다. 인사팀 직원은 '암병동'이라는 말을 듣고, 제가 넘겨주는 USB를 자신의 컴퓨터에 꽂아줍니다. 그 직원이 컴퓨터에 USB를 꽂는 순간 회사의 컴퓨터망은 악성코드에 장악되고, 위태로워집니다.

　아, 이런 경우도 있었습니다. 3년 전의 일입니다. 한 대기업 직원이 또 다른 타깃이었죠. 그는 보안 총책임자로 독실한 기독교 신자입니다. 성가대 활동도 합니다. 그는 40대 중반이지만 여전히 솔로입니다. 저는 같은 성가대에 가입했고, 그의 고교 후배가 됐죠. 가짜 졸업증도 이미 발급해 놓았고요.

　그가 매일 피트니스클럽에 다닌다는 정보를 습득

했죠. 우연을 가장해서 피트니스클럽에서 자주 만났고, 운동 후 커피숍에서 사생활을 털어놓을 정도로 편한 사이가 됐죠. 그는 가정을 꾸리길 원했어요. 제 사비를 털어 결혼정보 회사에 그를 가입시켰습니다. 매니저에게 비밀을 지켜줄 것을 약속하고, 그의 기본적인 정보와 사진, 좋아하는 여성상을 알아냈습니다. 그는 몇 번의 만남 끝에 원하는 이상형의 여자를 만났고, 마침내 결혼까지 했습니다.

그는 하나님을 빼고 저를 가장 신뢰하고 있고, 저는 그 대기업의 기밀정보를 공유하게 되었고, 시스템도 장악하게 되었습니다. 보안은 가공할 만한 악성코드나 바이러스, 첨단 시스템과의 싸움이지만 가장 취약한 연결고리인 인간을 공략할 경우 속수무책으로 당할 수밖에 없습니다. 결국 보안을 다루는 것은 인간입니다. 조금 어려운 말로 하자면 사회공학이 개입되기 때문입니다. 사회공학은 인간 상호작용의 깊은 신뢰를 바탕으로 사람들을 속여 정상적 보안절차를 깨뜨리기 위한 비(非)기술적 침입 방법입니다.

보안 시스템이나 백신 프로그램 같은 것은 지속적으로 패치나 업그레이드를 할 수 있지만 사회공학이 노리는 인간의 마음을 패치 시키는 것은 불가능합니다. 인간은 때로 돈만으로도 쉽게 공략이 가능합니다. 미국, 영국 등의 회사원에게 설문조사한 결과 직원들의 4분의 1은 1,000만 원 정도만 손에 쥐어 줘도 기업의 기밀을 넘겨주겠다고 했습니다. 아무리 철통같고 강력한 보안 시스템이 구축되어 있다 하더라도 그 사이에 인간이 개입돼 있기에 구멍과 틈이 존재한다는 이야기입니다.

그 유명한 해커 캐빈 미트닉은 첨단기술과 사회공학을 제대로 활용해 그것을 실증해 보인 그 분야의 대가였죠. 그는 사람들을 조작하고, 혼란에 빠뜨리고, 속임수를 사용했죠. 혹시 사회공학 따위는 자신에게 상대가 되지 않는다고 주장하거나, 그 따위 것의 먹이 같은 건 되지 않을 자신이 있다고 떠드는 사람이 주위에 있다면 제게 연락 한 번 주세요. 제가 기회를 드리겠습니다.

스타벅스와 네트워크 인질

한 사내가 스타벅스에서 커피를 마시다가 벨소리에 휴대폰을 꺼내들었다. 상대방과 통화를 마친 그는 서둘러 인터넷뱅킹으로 누군가에게 송금을 하고 있었다. 얼마나 지났을까, 매장에서 일어나려던 그가 스마트폰을 들여다보고 사색이 되었다. 은행 계좌에는 얼마 전까지 있던 돈이 순식간에 사라지고 몇백 원의 잔액만 남아 있었다. 어떻게 된 일일까.

와이파이가 일상이 된 요즘 어느 장소를 가든, 스마트폰을 꺼내들면 자동으로 무선네트워크가 와서 연결된다. 그런 맹점을 이용한 것이다. 사내에게 연결된 네트워크는 위장된 공유기였다. 예를 들어 starbucks가 그 매장의 원래 공유기였다면, starbuck7이니 하는 형식으로 위장한 공유기가 사내의 휴대폰을 빨아들인 것이다. 물론 매장 안에 있는 모든 손님들의 휴대폰도 해커의 위장 공유기에 연결되었음은 말할 것도 없다.

자동으로 무선공유기에 접속하도록 설정해 둘 경우, 신호가 가장 센 네트워크와 자동으로 연결되기 때문이다. 해커는 무선랜카드와 AP(Access Point)를 장착한 노트북을 이용해 매장 인터넷 무선공유기에서 흘러나오는 데이터를 모아서 사내가 인터넷뱅킹할 때 내어놓은 모든 데이터와 정보를 가로챘고, 그것을 토대로 계좌를 털어버린 것이다. 또 우리가 조심할 것은 이 같은 무선공유기에 접속했을 경우 이전에 연결했던, 우리가 머물러서 접속했던 장소의 디지털 흔적까지 모조리 송출된다는 것이다. emart, crimson, kyobo, koroad, as though I had wings···. 개인적으로 필자의 스마트폰을 꺼내들면 이와 같은 네트워크 목록이 뜬다. crimson은 지난 가을 휴가 때 묵었던 세부의 한 리조트 이름이다. 이처럼 송출된 네트워크 목록만 훑어봐도 휴대폰 소유자의 몇 개월 간 국내외 행적을 포함한 개인 위치정보까지 쉽게 노출된다.

사이버 범죄 조직은 프로그래머들을 고용, 바이러스를 만들기도 하고, 온라인 사이트를 통하여 '물건'이 될 수 있는 치명적인 바이러스를 사들이기도 한다. 성능만 뛰어나면 가격 따위는 문제되지 않는다. 여기서도 시장경제가 적용되는 것이다.

조직폭력배가 유흥업소나 노점상 등에게 보호비 명목으로 돈을 뜯어내듯이 사이버 범죄 집단 역시 성인, 마약, 도박 사이트 업주들에게 사이버 공격을 막아주는 동시에 보안을 책임져주겠다며 계좌로 송금할 것을 요청한다. 이쯤되면 오프라인의 갱단, 아니 마피아와 다를 게 없다. 그들은 때로는 의뢰를 받아 경쟁 사이트에 디도스 공격을 퍼붓고 경쟁사이트를 마비시키기도 한다. 권총이나 기관총을 들고 목숨을 건 채 은행에 뛰어드는 수법은 그저 영화에 나오는 추억의 장면일 뿐이다.

    수년 전 인터폴은 제인이라는 해커의 스위스 은행 계좌를 동결시켰는데 통장에는 미화 1,490만 달러가 예치돼 있었다. 하지만 그가 잡혔다는 소식은 듣지 못했다. 누구도 그가 어디에 있는지 모른다. 그들은 끊임없이 새로운 바이러스 등 강력하고 치명적인 사이버 무기 개발에 주력하고, 교활한 비즈니스 시스템 구축에 여념이 없다.

    게다가 사이버 범죄에 스턱스넷 같은 강력한 바이러스가 등장, 활용되지 않으리라는 보장도 없다. 스턱스넷은 이란 핵발전소 시스템에 침투해 오작동을 일으켜 가동을 중지시킨 바이러스다.

    현실세계에서 물리적 파괴효과를 내는데 사용된 최초의 사이버 무기로 대상에 따라 선택적 공격을 한다. 보안전문가조차 가공할만한 기능과 성능을 갖춘 스턱스넷의 출현에 혀를 내둘렀고, 수많은 헛수고를 했다.

결국 독일의 유명 보안전문가인 랄프 랭그너팀에서 6개월간 밤낮으로 매달린 끝에 진원지를 알아냈다. 프리즘을 통해 전 세계를 감청·도청 중이라고 폭로한 스노든의 조국, 미국의 작품이었다.

미국은 10여 년 전부터 외국의 기간산업을 파괴할 수 있는 컴퓨터 바이러스를 개발해오고 있다. 미국뿐 아니라 이스라엘, 중국, 러시아 등도 이미 각국의 개인·기업·정부 시스템 등 수백, 수천 곳 이상의 목표물을 공격하고 있다. 러시아, 중국의 해커들도 한때는 미국의 전력 접근권까지 탈취, 미국을 한동안 패닉상태에 빠지게 한 적이 있다. 북한의 소니 해킹 사태 이후 미국을 비롯한 국가간 사이버전에 대한 관심이 높아지고 있다. 하지만 우리는 사이버전을 대비한 각국의 무한 경쟁체제와 더불어 물밑에서 벌어지고 있는 해커들의 치명적인 사이버 범죄 전쟁을 간과하는 경향이 있다. 사이버 범죄자들 역시 필사적으로 스틱스넷과 같은(물론 기능은 다르겠지만) 초강력 사이버 무기에 매달리고 있다.

사이버 범죄자들이 만일 이런 지능적인 사이버 무기를 개발한다면 타인의 은행 계좌의 돈을 자신들의 계좌로 손쉽게 송금, 생활경제에 타격을 주는 혼란스러운 사태를 야기할지 모른다. 일상적인 삶이 사이버 공간 안으로 들어가고, 전산화 되어가는 과정에서 우리 삶은 네트워크에 갇혀 병합되고 있다. 이미 클릭 한 번으로 손쉽게 원하는 정보를 습득하는 인터넷에 젖어, 얕고 가벼워진 뇌의 소유자로 전락하고 있는 디지털 인류들에게 또 다른 위기가 닥치고 있다.

현실과 경계 구분이 없는 네트워크 속에서 돈과 물질까지 '탈탈' 털리게 될 위험에 처한 것이다. 그렇게 될 경우 우리는 네트워크의 주체도 아닌 종속체로 한낱 껍데기만 남은 네트워크 인질이 될는지 모른다. 장밋빛으로만 가득찬 것처럼 보이는 사물인터넷 사회, 다가오는 미래에 보안의 중요성을 강조하는 것은 바로 이 때문이다.

위험한 장난, 신분 조작

 사이버 현실의 경계는 이미 무너졌고, 오히려 우리의 삶은 사이버 공간 쪽으로 이동하고 있다. 만일 사이버 공간의 디지털 자아가 지워지거나 조작된다면….

 영화 〈네트〉에는 미모의 프로그래머 역을 맡은 샌드라 불럭이 네트워크 상의 컴퓨터에서 수배된 성매매 여성으로 바뀌어 경찰에 쫓기는 신세가 된다. 그녀를 도와주던 의사는 페니실린 알레르기로 병원에 입원했다가, 당뇨병 환자로 정보가 조작돼 약물 투입 사고로 죽는다. 백악관의 한 비서관은 에이즈로 조작된 검진 결과에 충격을 받고 자살하기도 한다. 20년 전 제작된 이 영화는 서두의 질문에 대한 답을 생생하게 전달하고 있다. "스페인 가우디 성당 앞입니다. 아직도 완성 중인 불멸의 건축물, 여행 6일째입니다. 스페인 국제공항에서 이곳 시간으로 6일 오전 5시 비행기로 떠납니다."

트위터나 페이스북, 블로그 이용자들은 아무렇지도 않게 자신의 정보를 노출시킨다. 사이버 공간에서는 특히 사생활을 적나라하게 드러내고 자랑할수록 호응을 얻기 때문이다. 오히려 그렇지 않은 사람에게 솔직하지 못하다고 비난을 할지 모른다. 그 사이 SNS 사용자는 개인정보 사냥꾼의 덫에 걸렸을지도 모르겠다. 솔직히 말해 현대인의 노출증은 몇 개의 SNS만 훑어봐도 알 수 있기 때문이다. 페이스북 친구가 진정한 친구라고 착각하는 사람은 없을텐데 말이다.

왜 그토록 인정해 달라고, 알아 달라고 애를 쓰는 것일까. 사회학자 데이비드 리스먼은 '현대인의 불안은 타인에게 인정받지 못하는데서 비롯된다'고 지적했다.

최근 영국의 한 지역에서는 페이스북에 올린 글과 사진에서 사용자들이 집을 비웠다는 정보가 확인돼, 2주일 동안 12가구가 털렸다는 기사가 보도된 적이 있다. SNS에 여행지에서 인증샷이나 휴가 계획 등을 실시간 알리는 것은 '집을 비웠으니 털어가라'고 말하는 것과 다를 게 없다.

이번 카드사들의 개인정보 관리체계는 그저 빙산의 일각이라는 것이 업계의 시각이다. 사실 중소기업 같은 경우 초기 투자비용도 만만치 않은데, 개인정보에 민감한 성형외과와 같은 업종도 상황은 마찬가지다. 아니 얼마 전까지 구글에서 주요 검색어만 입력해도, 줄줄이 개인정보가 쏟아져 나왔다.

해커들이 카드사태를 보는 시각은 왠지 떨떠름하다. 굳이 어렵게 보안시스템을 뚫지 않아도 되는 한편, 이 정도의 개인정보가 아무렇게나 유출되니 그들의 표현을 빌리자면 '개나 소나' 개인 정보에 접근해 쉽게 범죄행위를 할 수 있게 됐다는 고백이다. 그들만이 독식해야 할 먹잇감들이 어둠의 또 다른 범죄자들에게 노출된다는 상황이 황당하고 달갑지 않은 것 같다.

개인들은 이번 사태를 계기로 개인정보가 하나의 인격권, 자신의 가치라는 사실을 생각해 볼 일이다. 할인권이나 쿠폰 등에 자신의 개인정보를 맞바꾸는 일도 삼가야 한다. 인터넷 상에 아무렇게나 공개한 단편적인 정보는 이미 누군가에 의해 퍼즐처럼 짜 맞춰져 먹잇감으로 수집되고 있다.

데이터를 이처럼 수집하고 짜 맞춰서 행동거지를 예측하고 있다는 것이 사실이면 믿을 수 있겠는가. 그래서 〈마이너리티 리포트〉에 나오는 상황처럼 분석된 사람의 다음 행동까지 예측하고 있다는 것이 현실이라면 수긍하겠는가. 씁쓸한 이야기지만 모든 게 사실이다.

실제로 미국에서는 이런 연구가 새로운 세계를 지배할 '숫자 지식계급'이라는 이름으로 등장하고 있다. 이런 무서운 디지털 사회의 현실을 무시하고, 자신도 모르는 사이 개인정보를 거리낌 없이 노출하고 있는 이가 있다면 곰곰이 생각해 보시라. 언젠가는 그것이 부메랑이 되어 자신의 등에 꽂히는 비수가 될 수도 있다는 사실을….

애플은 왜 총기난사범의 잠금해제를 거부하나

 애플은 최근 샌버나디노 총기난사범의 아이폰 잠금을 해제하는데 협조해달라는 미국연방수사국(FBI)과 법원의 명령을 거부했다. 하지만 뉴욕 브루클린 연방지방법원은 지난달 29일 애플이 테러리스트의 아이폰 잠금장치를 해제해줄 의무가 없다고 정반대 판결을 내렸다. FBI는 항소하겠다고 밝혔다.
 FBI가 요구하는 것은 테러용의자 아이폰 암호를 해제할 수 있는 툴이나 소프트웨어다. 애플은 하나의 기기를 잠금 해제할 수 있는 키를 만든다는 것은 불가능하고, 그것은 모든 아이폰의 암호를 풀 수 있는 만능키를 제작하는 것이라는 입장이다.

　세계 최대 보안업체 맥아피는 자사가 나서 암호를 풀어주겠다는 황당한 제안을 했다. 10번의 기회(패스워드를 열 번 틀리면 데이터가 자동 삭제되는 기능)밖에 주어지지 않는 상황에서 맥아피는 자사를 홍보하기에 좋은 기회라고 생각했는지 모르겠다. 맥아피의 주장이 받아들여질 가능성은 희박하다.

　상황은 다른 듯 비슷하게 우리나라에서도 연일 논쟁이 벌어졌다. '테러방지법' 논쟁으로 국회에서 필리버스터가 이어졌고, 논쟁 또한 뜨겁다. 반대론자들은 테러방지법의 일부 독소조항들을 삭제해야 한다고 주장한다. 휴대폰 무한감청과 신상 관련 무차별 정보수집권, 조사권 등이 국가정보원의 광범위한 시민감시나 사찰에 대한 면죄부를 주기 위해 테러방지법을 통과시키려 한다고 주장한다. 국민의 사생활 침해 남발과 국정원 권한강화가 테러방지법의 제정 목적일 것이라는 우려를 하고 있다.

　우리는 미국이 테러와의 전쟁에서 자유와 정의의

수호신 역할을 해낸 것을 부정하지는 않는다. 다만 그 과정에서 미국 정보기관이 같은 방법으로 유럽연합 지도자들을 도청하고 멕시코와 브라질 주민들의 e메일을 훔쳐보고 UN본부와 유럽의회 안에서 e메일을 감청한 것을 우려하는 것이다.

시민의 개인정보를 연결한 경찰·검찰의 공유 시스템이 존재한다고 가정해보자. 주민번호와 개인의료 및 범죄정보 등이 공유된 시스템에 개인의 정치성향, 생체정보까지 포함된 국정원 데이터시스템까지 존재한다고 가정하면 상황은 심각해진다.

이 시스템은 여타 정보들과 상호 연동해 개인의 정체성과 어떤 성향의 인간인지 파악해 나갈 것이다. 이처럼 구축된 데이터시스템에 사악한 권력자나 범죄자, 나아가 테러리스트가 침입, 시스템을 탈취하거나 장악할 경우 심각한 문제가 발생할 수 있다.

첨단기업들은 사용자의 정보를 안전하게 보호해야 하고, 적법한 요청에 바탕을 둔 정보수사기관의 데이터 접근 요청에 따를 필요가 있다. 하지만 애플의 팀 쿡 말대로 아이폰의 잠금해제 툴을 요청하는 것은 본질적으로 다른 이야기다.

첨단기술과 사이버침해, 해킹이 일반화되고 있는 현실에서 FBI의 요구를 들어줄 경우 애플은 큰 위험부담을 안게 된다. 소비자에 대한 신뢰도가 떨어질 뿐만 아니라 FBI에 제공한 만능키가 지켜진다는 보장도 없다. 테러범죄 조직은 물론 중국, 러시아 등에서는 마스터키를 손에 넣기 위해 모든 방법을 동원할 것이다. 결국 아이폰 사용자 어느 누구도 감청이나 사찰로부터 안전하지 못한 상황이 올 것이다.

흔히 테러 공격이나 심각한 범죄를 계획하는 이들만이 자기가 하는 일을 숨기고 사생활에 신경 써야 한다고 생각할 수 있다. 우리처럼 평범한 직장을 다니고 집에 와서 가족들과 평화롭게 지내는 이들은 잘못하는 게 없으니 숨길 것도 없고 정부가 우리를 감시하는 것도 두려워할 필요가 없다고 생각하는 경우가 있다. 하지만 그런 사람에게 휴대폰 비밀번호, e메일이나 페이스북의 비밀번호를 알려달라고 하면 정색을 할 것이다.

바이러스나 랜섬웨어나 디도스(분산서비스거부·DoS) 공격의 피해자가 되는 것은 견디기 힘든 일이다. 결과적으로 컴퓨터가 먹통이 되거나 데이터가 삭제될 경우, 힘들지만 다시 데이터를 만들고, 컴퓨터를 구입하거나 랜섬웨어 해제비용을 지불하면 된다. 하지만 한 번 잃어버린 프라이버시를 되찾는 것은 거의 불가능하다.

프라이버시는 인간이 누구로부터 구속이나 침해받지 않고 자유를 누리고 살아갈 수 있는 최소한의 가치다. 전 세계는 애플과 FBI의 싸움을 지켜보고 있다. 이 논쟁은 향후 비슷한 사례에 선례로 남아 판단의 기준이 될 가능성이 높기 때문에 그 결과에 세계의 이목이 집중되고 있다.

얼굴이 이름표가 되는 안면인식의 위험

 영화 〈마이너리티 리포트〉의 배경은 2054년이지만, 영화 속 장면은 35년 이상 앞당겨져 눈앞의 현실이 되고 있다. 라스베가스 시내의 한 광고판은 안면인식 기술을 이용하여 지나가는 사람들에게 맞춤형 광고를 제공하고 있다.

 20대 중반의 여자가 광고 게시판을 지나가면 내장된 소프트웨어가 그녀의 예상 나이와 성별을 확인하고 그에 맞는 제품 광고를 보여준다. 이 정도는 그냥 애교에 지나지 않을지 모른다. 길거리나 식당 등에서 당신의 얼굴을 포착한 CCTV가 '이름표'를 달아 신상

정보를 드러낸다면, 그것이 온라인에 떠돌고 있다면, 걱정스럽게도 이처럼 오싹한 상황을 맞게 될 날도 그리 머지않았다. 어쨌든 아이폰의 안면인식 시스템 탑재는 생체인증, 즉 잠금해제로서의 기능만을 갖는 게 아니다. 4차 혁명시대 애플의 위상을 감안한다면 그 상징성에 큰 의미를 둘 수 있다. 안면인식 대중화의 신호탄이 될 수 있다는 말이다.

사실 안면인식 시스템은 조심스럽게 대중화 일로를 걷고 있다. 영상인식 및 분석기술에서 세계 최고 수준을 자랑하는 중국의 경우, 빠른 속도로 안면인식 기술을 생활에 활용하고 있다. 기술을 활용, 6만 군중 속에서 수배자를 체포, 범인 검거는 물론 ATM, 무단횡단 감시, 호텔, 기차역, KFC 매장 등에서 활용이 가능하다.

미국 국가안보국(NSA)은 안면인식 시스템을 통해 매순간 온라인에 올라오는 수백만 장의 사진을 가로채 분류작업에 들어간다. 범죄나 테러리스트 추적을 위해서다. 안면인식 시스템은 이처럼 긍정적으로 활용될 수 있지만 남용되는 경우를 간과할 수 없다. 범죄자나 스토커들이 안면 인식 기술을 이용해 누군가를 추적하는 경우도 하나의 사례다.

그동안 안면인식 기술이 대중화되지 않은 가장 큰 이유 중의 하나는 정확도가 높지 않아서였다. 하지만 카네기멜론대학이 9·11이후 미국정부 지원을 받아 개발한 핏팻이라는 프로그램이 등장하면서 상황은 달라졌다. 이 프로그램의 안면인식 기술은 FBI보다 정확하다. 길거리에서 아무나 카메라에 담아 소셜미디어 프로필과 결합할 경우 사회보장번호 등을 비롯한 다양한 개인정보를 알아낼 수 있게 해준다.

지문이나 홍채, 음성 등의 경우 개인 동의를 얻고 생체데이터가 추출되어 활용되고 있다. 하지만 안면인식은 다르다. 당신이 아무 생각 없이 블로그나 소셜네트워크에 태그를 붙여 놓은 사진만으로도 충분한 안면인식 데이터로 활용될 수 있다. 페이스북 유저들은 안면인식 데이터 수집요원 역할을 훌륭히 수행하고 있다. 그들은 수백억 개의 사진에 일일이 태그를 달고 있고 서버에 1,000억 개가 넘는 안면인식 데이터로 쌓여가고 있다. 세계 인구수가 75억 명이라는 것을 감안한다면 엄청난 숫자다.

구글의 에릭 슈미트가 프라이버시 문제를 이유로 기술을 구축하고 있음에도 악의적으로 이용될 것을 우려해 사용하지 않겠다고 호언장담한 것도 같은 이유였다.

아무튼 인권과 사생활 침해 논란 등으로 상용화에 소극적인 틈을 타서 중국은 관련기술에 과감하게 투자하고 있고, '페이스++(투플러스)'라는 기업은 지난해 말 1억 달러가 넘는 대규모 투자를 받고 고속 성장 중이다.

한 남성이 백화점 주차장에서 고급외제차를 타고 내리는 여성을 발견하고, 스마트폰으로 스냅사진을 찍었다고 하자. 굳이 스마트폰을 사용할 필요도 없다. 마이크로 카메라가 부착된 안경을 쓴 채 길거리 수영장, 지하철 등에서 타깃에 시선을 던지며 포착한 얼굴사진은 그대로 상대의 신상이 되어 나타난다. 그의 이름이나 주소나 친인척 정보, 전화번호 등에 이르기까지.

이제 그가 어떤 일을 벌일지는 전적으로 그에게 달려 있다. 안면인식은 겉으로는 우리 신분이 드러나지 않는 확신을 깨뜨린다. 여기에 우리의 충격이 있다. 사실상 우리 얼굴이 바로 명찰이 되어 버리는 시대를 맞게 된 것이다. 지금이라도 안면인식 사이트 등을 통할 경우 얼굴 사진 하나만으로도 개인 신상정보에 어느 정도 접근할 수 있다.

런던이나 뉴욕 등 전 세계 곳곳에는 수천만 대의 감시카메라들이 도시 전역에 흩어져 있다. 경찰들은 이미 군중 속에서 원하는 얼굴을 찾아내고 있다. 사악한 독재정권과 하수인들에게는 어쩌면 더할 나위 없이 좋은 시스템이다. 푸틴이나 중국정부는 광장에 모여 시위하는 대중과 감시카메라에 포착된 얼굴사진을 통해 시위대의 신원을 파악, 체포에 나서고 있다.

얼굴이 명찰이 되는 시대는 개인의 삶이 더 이상

익명을 허락지 않는다는 것을 의미하기도 한다.

   누군가의 카메라나 CCTV에 포착되었다는 이유만으로 신변노출이 된다는 것은 끔찍한 일이다. 당신이 국가의 요주의 인물이라고 한다면, 조심하라. 한적한 길거리를 걷고 있는 당신에게 안면인식 프로그램과 소음총기가 탑재된 드론이 별안간 달려들지 모르니까.

페이스북으로 현장 중계하는 테러범

 '살육의 게임'이 진행되고 있었다. 헬멧에 카메라를 고정시킨 테러범은 뉴질랜드 이슬람사원에서 벌인 처참한 총격 장면을 페이스북으로 전 세계에 중계했다. 대자연의 신비와 평화가 숨쉬는 살아있는 천국, 이민자의 천국으로 여겨지던 뉴질랜드조차 더 이상 안전지대가 아니라는 걸 보여주려 했던 것 같다.

 사람들의 삶이 인터넷으로 연결된 후, 보다 민주적으로 정보를 공유하면서 평등하고 자유롭게 살기를 희망했다. 기술이 그것을 가능하게 했지만 그 이면에서 우리의 삶은 더 위태로운 모습으로 끈에 매달려 있는 처지가 됐다.

4년 전, 프랑스 파리의 한 극장에서 100명 이상을 살해한 이슬람국가(IS) 테러리스트들은 NSA도 해킹이 어려운 슈어스폰이나 텔레그램 같은 메신저와 인터넷주소(IP주소) 추적이 불가능한 다크웹으로 접선하고 지도부에서 명령을 하달 받았다. 그들은 신의 선물이었던 기술 도구들을 테러에 활용했다. 이번 뉴질랜드 테러범은 트위터와 온라인, 페이스북 등에 '반(反)이민 선언문'을 올리고 자신의 테러를 정당화하려 했다.

17분간의 살육 현장. 보통의 사람이 페이스북을 통해 이 장면을 봤다면 심각한 후유증을 겪게 될 수도 있다. 페이스북이라는 편리하고 놀라운 기술의 도구가 이처럼 혼란스러운 부정적 도구로 이용될 것이라고 예견한 사람은 그리 많지 않을 것이다. 앞으로 기술을 이용한 테러가 어떻게, 어떤 모습으로 벌어질지는 아무도 알 수 없다. 우리의 삶은 디지털 기술로 인해 서로 더 연결되고 의존적으로 변해가기 때문이다.

디지털 기술이 우리에게 투명성을 가져다준 것은

분명하지만 특정한 소수는 사회를 점점 불투명하게 만들고 이 기술로 권력을 장악해 가고 있다.

매일 스마트폰을 비롯해 다양한 도구와 시스템 속에서 살아가지만 그 시스템 내부에서 어떤 일이 벌어지는지에 대해서는 대부분이 모르고 있다. 누군가가 이 시스템에 침투해 조작할 수도 있고 왜곡할 수도 있다.

우리는 여전히 스마트폰이 중재하는 삶을 살고, 네이버 등 대형 포털이 공급하는 5개의 메인 뉴스로 하루를 시작한다. 그들은 여론을 조작하고 혼탁하게 한 것을 반성한다며 새로운 뉴스 제공방식을 제안했지만 보통 사람들은 그들이 뉴스 알고리즘을 어떻게 작동시키는지 모른다. 포털 시스템은 인간의 손이 개입될 수 있는 여지가 존재한다. 단적인 예로, 그것은 해킹이 될 수도 있고 컴퓨터 바이러스가 될 수도 있다. 물론 가장 무서운 것은 인간의 손이 개입하는 경우다.

우리는 매일 스마트폰이나 노트북 첫 화면에서 마

주하는 뉴스, 맛집 정보에 이목을 집중시킨다. 실시간 검색어는 대중의 관심을 조작할 수도 있다. 때로는 사람들의 인식 범위를 결정하기도 하고 행동에도 영향을 미친다. 포털이나 실시간 검색어는 책이나 영화, 병원, 학교 등 거의 모든 분야를 평가하고 순위를 매기기 때문이다.

  우리는 알아야 한다. 우리가 믿고 의지했던 기술들이 가끔은 잘못된 방향으로 우리를 이끌 수도 있다는 사실을….

거대한 사회적 변화와 4차 산업혁명을 이끌어가는 실제적인 동력은 기술이다. 하지만 나쁜 의도를 가진 정부나 테러리스트, 사적 이익을 위해 여론을 왜곡시키는 특정 세력이 개입해 기술을 작동시키고 운영하고 통제한다면 우리의 미래는 파괴적일 것이다. 우리는 매일 실시간으로 디지털 기술과 함께 살아가고 있지만 오히려 그것들로부터 이용당할 수 있다는 사실은 잘 모르고 있다. 우리의 삶이 메트릭스 같은 거대한 시스템에서 조작당할 수 있다는 사실까지.

카드 도난을 알려준 빅데이터

 A편의점 900원, B편의점 3,000원, 유니클로 2만 9,000원, 나이키 16만 원…. 토요일 아침이었다. 카드 회사에서 전화가 걸려왔다. 본인이 지금 카드를 사용 중이냐고 물었다. 서둘러 지갑을 꺼냈다. 카드가 없었다. 그제야 카드 도난 사실을 알게 됐다. 카드를 정지시켜줄 것을 부탁했다. 절도범은 정지된 카드로 백화점 컴퓨터매장에서 100만 원짜리 물건을 구입하려다 정지된 사실을 알고 사라졌다고 했다. 그는 '간을 보기 위해' 두 곳의 편의점에서 소액을 사용했고 옷가게와 신발가게를 거쳐, 백화점으로 향했다. 카드사

빅데이터는 평상시와는 다른 소비패턴을 인지하면서 유심히 지켜보는 중이었으리라. 결국 비상상황을 고지했고, 직원이 내게 연락을 한 것이다.

페이스 딜스라는 사이트는 고객이 가게에 도착하면 문 앞에 설치된 카메라가 얼굴을 인식한다. 페이스북 등 SNS에서 얻은 정보를 기반으로 고객이 관심을 보인 제품, 서비스 등을 알려준다. 상업적 측면에서뿐 아니라 국가나 정보기관, 경찰 등 정부기관도 빅데이터를 활용하고 있다.

뉴욕경찰은 곳곳에 설치된 CCTV에서 얻어지는 데이터를 가지고 범죄자의 안면인식을 통해 범죄 예방률과 검거율을 동시에 높이고 있다. 원유를 가공해 다양한 용도로 활용하듯, 정보바다에서 건져낸 데이터 역시 무궁무진한 용도로 활용이 가능하다. 빅데이터는 교육, 의료, 범죄 등 미래를 예측함으로 삶에 획기적인 변화를 가져다 줄 것이다.

하지만 빅데이터를 주로 거대 조직이 사용할 수 있는 사악한 힘으로 보는 이들도 적지 않다. 시민들의 의사소통을 감시한 NSA의 활동은 첨단장치가 그들에 관한 정보를 그들만을 제외시킨 채 주고받는 아이러니한 현실을 보여주었다. 따라서 빅데이터가 NSA의 소유이고, 미국민은 빅데이터의 종속물이자, 피해자일 뿐이라는 자조 섞인 주장에 동정론이 일고 있는 것도 어쩌면 당연한 일이다.

일본이나 에콰도르 국민들이 겪은 진도 7이상의 지진만이 치명적인 위험을 내포하고 있는 것은 아니다. 정보기관의 감시, 여론조작, 빅데이터 관련 컴퓨터시스템 오류 및 해킹, 정보유출은 우리가 마주해야 할 또 다른 재앙의 시작이다. 기업은 개인들의 다양한 데이터를 분석해 맞춤형서비스를 제공하지만, 무차별 개인정보 수집을 통해 그 정보를 다른 용도나 목적으로 사용하는 경우도 발생한다.

구글, 페이스북, 애플 등은 비식별 데이터를 국가나 기업보다 더 많이 보유하고 있다. 이는 경기 변동, 소비심리, 선거결과, 전염병 발생 등을 국내 기관이나 연구소, 정부보다 더 빨리 파악, 예측할 수 있다는 것을 의미한다.

미국 정부가 몇 년 전 노후차량 보상프로그램을 운영하면서 예산 10억 달러를 책정, 교체 시 4,500달러를 지원해주기로 했다. 구글은 정부가 예산을 발표하자마자 '그 예산은 1주일이면 바닥날 것'이라고 예상했고, 예측은 정확했다. 빅데이터 분석에 조작이나 데이터 오용도 위험을 불러들인다. 아마존의 경우 책을 구입하게 되면 그 밑에 '이 책을 구입한 사람이 다음 책도 구입했다'면서 여러 가지 책을 추천한다. SNS 기능에 '알 수도 있는 사람'이라는 명목으로 아는 사람인지 질문을 하기도 하는데 스토커나 특정기호를 지닌 범죄자가 버젓이 연결될 수도 있다. 며칠 전 굴지의 대기업 LG화학이 송금 판매처를 가장한 e메일에 속아 240억 원을 해커의 통장에 고스란히 송금한 믿기 힘든 일이 벌어졌다.

첨단기술과 첨단장치가 쏟아지고 우리의 미래는 안락해지고 있지만 보안불감증은 심각한 수준이다. 개인정보, 사생활은 우선순위에서 밀리고 있다. 이마트나 롯데마트 같은 재벌계열사들은 경품행사에 참여한 고객정보를 수십억 원에 팔아버렸다. 그보다 세세한 정보가 담긴 '값나가는' 개인정보가 손아귀에 쥐어진다면 그것 역시 언제 팔아 치워버릴지 누가 알겠는가.

개인정보보호법이 감시와 제재를 하고 있지만, 교묘하게 법의 테두리를 벗어난 개인 정보수집이나 불법유통 활동에 대해서는 시민감시가 필요하다. 권력이나 기업들은 비식별 정보를 활용한다고 하지만, 세세한 정보까지 수집, 정보연동을 통해 개인의 실체를 파악할 수 있는 빅데이터를 암암리에 만들 가능성도 적지 않다.

개인의 세세한 질병내역이나 약점을 쥐고 있으면 중요한 순간에 개인의 표현이나 행동의 자유까지 옭아맬 수 있다. 해킹에 속아 240억 원을 송금한 LG화학 사건은 누구든지 시공을 초월해 사이버 상에서 먹잇감으로 전락할 수 있는 현실을 보여줬다. 빅데이터가 미래예측 가능성을 높이게 될 것은 확실하다. 그렇다고 미래가 마냥 설레기만 하는 건 아니다.

언젠가 빅데이터는 며칠 후, 몇 달 아니 1년 후에 내가 어디에 있을지까지 예측하게 될 것이다. 순찰 중인 경찰은 한갓진 도로로 들어서는 내가 향후 20분 이내에 신호위반을 할 확률이 80%라고 예측하고 위반지점에서 나를 기다리고 있을지도 모른다. 빅데이터가 가져다줄 또 다른 미래를 생각하면 등골이 오싹해진다.

파리테러로 본 디지털 위험

　IS의 파리 테러는 두 군데에서 진행되고 있었다. 한 곳에서는 정보기관이나 NSA(미국국가안전보장국)도 해킹이 어려운 슈어스폿(Sure-spot), 텔레그램(Tele-gram) 같은 암호화된 메신저를 사용, 지도부와 교신하면서 미국의 감청을 따돌렸다. 또 다른 곳은 100명 가까이 사망한 바타클랑 극장을 비롯해 젊은이들의 유동인구가 많은 7개 지역이었다. IP추적이 불가능한 다크웹도 한몫했다. IS테러리스트들은 다크웹을 전 세계 어디서나 이용할 수 있는 접선장소로 활용했다. 광범위하게 흩어져 있는 테러리스트들에게 인터넷은 신이 선사한 선물이 되고 말았다.

유럽인들의 SNS인 스카이프에 상대적으로 접근하기 힘들었던 미국은 마이크로소프트사를 통해 스카이프를 통째로 사들였다. 그 후부터 막강하던 스카이프의 보안시스템이 허술해졌다. 미국이 감청시스템에 의도적으로 구멍을 뚫었기 때문이다. 하지만 테러리스트들은 미국의 감청시스템을 우회했다. 얀 얌본 벨기에 내무장관은 "IS가 테러 공격 모의와 대원 모집에 일본 소니사 게임인 '플레이스테이션4(PS4)' 네트워크를 이용했다"고 밝혔다. 허를 찌르는 전략이다.

그들은 미국이나 서방세계가 놓은 그물망을 피해 생각지도 않은 게이머들의 놀이터 PS4에서 접선을 하고, 테러 기지국으로 사용했다. 9·11테러나 일본의 쓰나미, 메르스 사태까지 겪으면서 필자는 이제 현실은 영화보다 더 스펙터클하고, 예측 불가한 위험에 괴멸할 수도 있다는 현실감각에 눈을 뜨게 됐다.

중국 스마트폰 시장 1, 2위를 다투며 폭발적인 매

출신장으로 시장 장악에 나선 샤오미는 애플 베끼기로 더 잘 알려진 회사다. 이 회사는 스마트TV, 정수기 등 가전용품 등 다양한 분야에 진출하면서 사물인터넷 사업을 준비 중인 것으로 알려졌다. 업계에서는 샤오미에 큰 관심을 기울이지 않았지만, 생각지 않은 곳에서 주목받게 된다.

신규 샤오미 스마트폰에서 악성코드가 발견된 것. 샤오미 측에서는 유통판매점에서 저지른 일로 자신들과는 아무 상관없다고 밝혔다. 하지만 곧이 곧대로 믿을 수 없을뿐더러, 가볍게 넘겨버릴 수 없는 이유가 있다.

얼마 전에도 러시아에 수입된 중국산 다리미와 전기주전자에서 해킹칩이 발견됐기 때문이다. 게다가 중국산 폐쇄회로(CC)TV나 전자담배 충전기 등에서 멀웨어가 발견됐다는 소식도 들린다. 중국 정부가 개입되었다는 이야기도 있다. 그동안 중국이 미국 NSA, 중앙정보국(CIA)은 물론 영국 등 전 세계 120여 개국을 제 집 안방처럼 드나들며 해킹해, 기밀문

서와 정보들을 빼낸 행동을 감안한다면 그리 놀랄 일도 아니다.

미국 정보기관 등에서는 아예 중국산 정보기술(IT) 제품 사용금지령을 내릴 정도다. 중국은 구글이나 페이스북도 상황에 따라 국민들과 차단시키고, 감시를 일삼고 있다. 그들이 샤오미 스마트폰에 악성코드를 심어, 전 세계를 감시하는 스파이폰으로 활용하지 않을 거라고 누가 장담하겠는가. 미국마저 구글과 페이스북, 야후 등의 백도어로 드나들면서 사람들의 개인정보와 기밀 등을 마음대로 확인했다는 사실이 밝혀진 것을 감안 한다면.

이 같은 움직임에 민감하게 반응해야 하는 것은 우리가 살고 있는 인터넷 세상과 앞으로 전개 될 사물인터넷 때문이다. 누군가가 잘못된 신호나 가짜 신호를 의도적으로 보내게 된다면 홈서버를 통해 집의 가스밸브를 열어버릴 수 있다. 심박기 위조·변조로 전류량을 과잉 공급해 생명을 위협하거나 악성코드에 감염된 차량진단 앱을 통해 자동차를 원격 제어할 수도 있다. 커피포트나 냉장고, 세탁기, 가스레인지 등 가전용품은 보안이 전제되지 않는 이상 모두 무기가 될 수 있다.

전 세계는 파리 테러를 바라보면서 보안이 뚫리면(그것이 물리적이든, 네트워크에서든) 얼마나 위험하고 불행한 사태가 전개되는지 알게 됐다. 그것이 단지 오프라인에서만 일어나는 사건이라고 착각해서는 안 된다.

21세기 우리는 인터넷과 스마트폰, 디지털 혁명의 소산들이 만들어 놓은 디바이스들 덕에 안락하고 편안한 삶을 살고 있다. 하지만 이 디바이스들은 언제든지 테러리스트의 손에 들어가면 테러 무기가 될 수 있다. 사이버 공간에서는 조직이나 군사력이 문제가 되지 않는다. 오히려 테러리스트에게 유리한 열린 공간이 무한대로 펼쳐진다. 더 이상 안전지대는 없다.

테러리스트에게는 국가의 경계도, 무기의 한계도 뛰어넘는 인터넷이 존재한다. IS는 지금 어디서 또 다른 테러 감행을 위해 기상천외한 방법을 준비하고 있을지 모른다. 언제 어디서 어떤 디바이스를 좀비화시키고, 어떤 사회와 국가를 무력화시킬지 아무도 모른다. 네트워크는 미래의 새로운 전쟁터가 될 것이다. 테러리스트는 선전도구나 신병 모집, 작전 지시 채널로 네트워크를 적절하게 활용하고 있다.

IS는 이번 사건에서 테러리스트들이 결코 사이버전이나 정보력에서 미국 등에 뒤지지 않는 것은 물론 역으로 이를 활용, 교활하게 목표를 달성할 수 있다는 사실을 대내외적으로 공표한 셈이다. 비극이 멈춰지기를 바랄 뿐이다.

누가 디지털 사회를 주도할 것인가

 20여 년 전, 강남역과 선릉역 부근에는 꿈과 열정을 가진 젊은 벤처기업들의 사무실이 즐비했다. 젊은 이들은 계속 몰려들었다. 밤새 불이 꺼지지 않았던 거리, 우리는 이곳을 테헤란 밸리라고 불렀다. 김대중 정권 시절, 정부는 정보기술(IT) 분야에 지원을 아끼지 않았다. 외환위기를 정보혁명 패러다임으로 전환해 위기 극복의 마중물 역할과 IT국가로서 자리매김하는데 원동력이 된 것도 사실이다. 일부 그 꿈도 이루어졌다.

 네이버(NHN)는 그 대표적인 사례다. 여러 논란은

차치하고라도 KBS, SBS 공중파와 중앙, 조선 등 매체들이 벌어들이는 수익보다 더 많은 이익을 올린다는 것 하나만으로도.

2017년 강남, 그 곳에서는 더 이상 그 같은 꿈과 열정을 가지고 뛰어다니던 젊음은 보기 힘들다. 일부 남아 있는 곳도 있지만 대부분 중심가인 벤처밸리를 떠나 구로동쪽으로 떠났고 열기가 식은 것도 사실이다. 그들이 남긴 자리는 공무원 시험 학원, 토플·토익영어, 중국어 학원들이 메꿨다.

우리는 한때 IT강국으로 불렸다. 솔직히 말하면 IT 인프라 강국이다. 나아가 반도체 강국, 하드웨어 아니 스마트폰 하드웨어 강국이라는 게 정확한 표현이다. 세계 100대 소프트웨어에 미국 기업이 70여 개를 차지하는 가운데 한국은 전무한 상황이다. 사실 운영체제(OS) 하나 없어 항상 빌려 쓰는 처지다. 미국이 소프트웨어에서 전 세계를 장악하는 이유는 국가 차원의 이노베이션 시스템에서 기인한다. 미국 정부는 대학 및 정부 산하 연구소 등에서 이뤄지는 기초과학과 기술 부문 등에 집중 투자했다. 응용개발 부문은 민간이 맡도록 했다.

IT버블 붕괴 후 미국 정부는 IT분야 기초연구에 정책자금 지출을 확대했다. 당장의 성과보다는 기초과학 육성을 통해 침체를 극복하고 장기적 안목으로 대처했다. 혜안은 맞아떨어졌다. 전 세계 디지털 혁명을 주도한 인터넷이 미국 국방성이 건설한 새로운 통신망 알파넷에서 비롯된 것도 미국의 이 같은 시스템 덕이다. 한국의 IT는 10년간의 암흑기 터널을 통과 중이다.

이명박 정권은 환경감시용으로 로봇물고기를 사용하겠다며 국민세금 57억 원을 낭비하기도 했다. 박근혜 정권은 창조경제라면서 수조 원의 예산을 확보해 창조경제 추진단장으로 차은택을 앉히고 국민세금에 빨대를 꽂고 사적으로 편취하는 것을 방관했다. 기초지식도 없는 역량부족의 인사들을 IT관련 기관 등에 낙하산으로 내려보내 IT의 시간을 거꾸로 돌리고 있었다. 사실상 기대했던 문재인 정권도 이 분야에서는 지난정권과 별다를게 없다. 글로벌 IT패권을 차지하려는 구글, 마이크로소프트(MS), 애플, 페이스북 등이 인공지능, 자율주행, 음성인식, 챗봇 등 저마다 핵심 영역을 꼽으며 발 빠르게 한참 물밑경쟁을 할 바로 그때였다. 미국이나 이스라엘에서 군대가 나서서 최첨단 연구를 하고 방위산업체 경험을 바탕으로 뛰어난 기업을 탄생시킬 동안 우리는 비리에 물든 방위산업계의 수사를 지켜봐야 했다.

우리와 비슷한 처지의 이스라엘이 전 세계 방산 기술 3위, 인구 대비 나스닥에 상장된 벤처기업 수가 최다라는 사실은 시사하는 바가 크다. 이제 고리를 끊고 다시 시작할 때다. 우리는 4차 산업혁명을 외치면서도 과학이나 기술에 대해서는 경시하는 경향이 있다. IT강국은 그저 구호나 캠페인으로 이루어지는 게 아니다. IT강국은 소프트웨어 강국을 의미한다. 세상을 소프트웨어가 삼킨다는 말은 그저 메타포에 지나는 게 아니다. 우리가 직면한 중대한 문제를 해결하기 위해서 필요한 게 바로 소프트웨어다. 여전히 변변한 소프트웨어를 갖추지 못한다면, 또 OS조차 갖추지 못한다면 다가오는 사회, 4차 혁명에서 주변국가로 전락할 것이다.

남이 깔아놓은 플랫폼에서 수수료를 주고 비즈니스를 하거나 로열티를 주면서 하드웨어를 만드는 IT 3류국으로 추락할 수도 있다. 이제 제반 IT를 둘러싼 생태계가 바뀌어야 하는 것은 물론 문화가 바뀌어야 한다. 그리고 너무 진부한 이야기지만 미국의 경우처럼 기초과학과 코딩교육 등 장기적인 프로젝트를 통해 인재들을 지속적으로 배출하고 인재에 대해 걸맞은 대우를 해주어야 한다. 실리콘밸리에 세계의 천재들이 몰려드는 것도 이유가 있다.

무엇보다도 중요한 것은 IT기업가 정신이고 문화이다. IT는 기술에 국한된 것이 아니다. IT는 궁극적으로 인간들을 위한 것이며 더 나은 삶을 위한 것이다. 세계 곳곳에서 실리콘밸리를 모방하려는 시도가 실패하는 이유다. 결과물은 어느 정도 따라갈 수 있을는지 모른다. 하지만 실리콘밸리의 기적은 물리적 조건을 넘어선 결과물이다.

실리콘밸리의 핵심은 그 문화에 있다. 유토피안에서 히피까지 모든 성격의 집단이 융합돼 우리가 사는 세상을 보다 살기 좋은 곳으로 만들기 위한 도구와 서비스들을 개발하는 것이다.

스티브 잡스는 23세 때 100만 달러, 24세 때 1,000만 달러, 25세 때 1억 달러 재산을 갖게 됐지만 그는 말했다. "돈은 훌륭한 수단이지만 크게 중요하지 않다. 중요한 것은 기업, 제품, 직원 특히 내가 만든 제품들이 사람들에게 어떤 가능성을 열어줄 수 있는가 하는 것"이라고.

잡스의 말은 우리가 왜 소프트웨어를 만들고 IT강국이 되어야 하는가에 대한 답변이다.

02
인간의 정체성을 앗아가다

히가시노 게이고 '미등록자'와 생체인증

 히가시노 게이고의 추리소설 『미등록자』는 범죄 방지를 위해 권력이 국민의 DNA 정보를 데이터베이스화해서 개인정보를 관리하는 가까운 미래를 배경으로 한다. 범인을 검거할 목적으로 개발된 DNA 수사시스템에서 권력자들의 자기보호 장치도 등장한다. 이 과정에서 시스템 개발자가 살해되고 권력이 국민의 DNA 정보를 어떤 식으로 남용하면서 관리하는지를 보여준다.

 소설은 디지털 사회에서 충분히 있을 법한 미래 상황을 예측하고 생체정보 관리, 즉 개인정보 문제라는 화두를 던진다.

리서치 전문회사 가트너는 2016년 말까지 스마트폰의 40%가 생체인식 센서를 장착하게 될 것이라고 전망했다. 애플은 3년 전부터 이를 실행했다. 아이폰 5s를 출시하면서 지문인식 시스템을 부착하고 최고의 비밀번호라고 호들갑을 떨기도 했지만, 여전히 구멍은 존재했다.

해커는 지문의 해상도를 높여 촬영한 화면으로 아이폰의 터치 시스템을 해킹했다. 젤리나 실리콘으로 만든 손가락에 지문을 복제한 후 지문인식기를 가뿐하게 통과하는 영화 속의 장면을 보여주었다. 생체인식이 안전하고 편리할 뿐더러 기술도 정교해지고 있어 확산되는 추세지만, 해킹, 도난, 유출 시 난감한 상황을 맞을 수 있다. 지문이나 홍채 정보가 해킹 당했다고 손가락, 눈을 바꿔달라고 할 수는 없기 때문이다.

비밀번호, 암호 패턴을 기억하지 않아도 높은 보안성을 확보할 수 있는 차세대 시스템이라면 빨리 갈

아타는 게 당연하다. 하지만 약점이 존재한다. 생체정보는 비정형 데이터로 상대적으로 암호화가 쉽지 않다. 중요한 것은 생체정보 관리다. 믿을 만한 기관에서 주민등록번호 등 개인정보와 별 차이 없이 지문 등 생체정보가 고스란히 유출되는 것을 보면 우려스럽다.

미국 인사관리처가 자체 서버에서 560만 개의 지문 정보를 도난당한 사례가 그것이다. 뚫리지 않을 것이라고 믿었던 곳이 개인정보 유출의 통로가 되고 해커의 먹잇감이 되고 있다.

유출된 지문들이 온라인상이나 오프라인에서 범죄자들이나 해커들의 손때를 타고 있다. 지문이 유출된 개인들에게 어떤 비상상황이 닥칠지 아무도 모른다. 생체정보는 개인에게 하나밖에 없는 유일한 식별정보이며 한 인간의 고유 특성이기도 하다.

해킹 피해자의 경우 본인 아닌 다른 사람이 생체정보를 사용, 피해자의 카드나 통장의 돈을 마음대로 사용할지 모른다. 물론 금융적인 위험은 사소한 사례가 될지 모른다. 평화로운 주말 저녁, 거실에서 가족들과 한가롭게 대화를 하고 있는데 범죄자들이 마음먹고 들이닥칠 수도 있다. 훔친자들이 이렇게 엄청난 일을 벌이는 동안, 피해자는 본인이 하지 않은 일에 책임을 져야 한다. 본인의 생체 신원을 부인할 수 없다는 이야기다.

길가에 설치된 보안카메라를 지나 걸어가기만 해도 신원이 확인되기도 한다. SF영화에서나 볼 수 있는 이야기가 아니다. 이 같은 안면인식 기술은 수많은 곳에서 사용되고 있고, 정확도도 매우 높다. 페이스북은 이 분야에서 세계 최고다. 페이스북의 얼굴인식은 사람의 뇌보다 정확하며, FBI보다 정확하다고 한다. 이 때문에 캘리포니아나 일리노이 주에서는 페이스북의 얼굴 인식 기능을 제한하라는 판결을 내렸다. 굳이 페이스북에 자신의 사진이나 집의 위치를 자주 노출시키지 않는 게 신상에 좋을 것이다.

소설에서처럼 DNA정보가 데이터베이스화되어 국가가 관리하는 날이 올 수도 있다. DNA야말로 가장 개인적인 정보다. 혹시 어디엔가 우리의 DNA가 수집돼, 거대한 데이터베이스에 보관 돼 있을지도 모를 일이다.

경찰이 범죄자를 잡기 위해 비공개 DNA 데이터베이스에 접근하는 경우도 있을 것이다. 머지않아 태어나는 신생아들의 경우 소설 속의 등장인물들처럼 의무적으로 중앙데이터시스템에 DNA를 제출하는 것으로 출생신고를 갈음하게 될지 모른다. 물론 여기서도 중요한 것은 DNA관리 문제다. 생체정보를 분할해 서로 다른 곳에 저장한 후, 인증 시 재결합해 사용하는 분산관리가 대안으로 떠오르고 있지만, 완전한 방법은 아니다. 어쨌든 DNA 분석기업인 앤세스트리(Ancestry) 닷컴이나 23andMe 같은 유망 벤처 그리고 FBI가 생체정보를 제대로 보관할지도 우려스럽다.

모든 데이터베이스가 영원히 해킹되지 않을 것이라고 믿는 것은 어리석은 일이다. 해킹 안전지대란 존재하지 않는다. 생체정보는 우리가 생각하고 있는 것, 그것 이상으로 중요하다. 통제하지 못할 경우에는 심각한 상황이 벌어질 수 있다. 생체인증이 보안의 새로운 돌파구인 것만은 분명하지만, 생체정보의 유출과 해킹에 제대로 대처하지 못한다면 그 피해는 우리에게 고스란히 돌아올 것이다.

깨진 유리창 속의 개인정보

"글쎄, 경찰이 아파트에 갑자기 들이닥쳤어. 온라인 사이트에서 1,000만 원어치 마약 대용 약품을 구입하고, 내 신용카드로 도박사이트에서 1,000만 원을 사용했다는 이유였지. 그걸로 끝났으면 다행이게. 얼마 후 날아온 온라인 청구서는 경악이었어. 해외 온라인 쇼핑몰에서 명품 가방과 지갑 등을 1,500만 원어치 한도까지 구입한 거 있지? 너도 알다시피, 내가 기러기 아빠잖아, 미국에 있는 아내에게 바로 연락해 사실을 알렸지. 아무것도 모르고 있던 아내는 자기 카드를 조회해 보고는 모두 한도 초과로 사용된 상태라는 거야. 순식간에 나와 아내의 카드에서 1억 원 가량이 누군가에 의해 부정으로 사용된 거지."

소설 속에서나 일어날 대화가 아니다. 이번 카드사의 개인정보 유출은 일상에서도 누구에게나 언제든지 일어날 수 있는 현실임을 자각하게 한다.

네이트 해킹으로 이름, 아이디, e메일, 전화번호, 주민등록번호, 비밀번호 등 개인정보 3,500만 건이 해커들에게 털렸다. 이번에는 또다시 국민·농협·롯데카드 등 3곳에서 무려 8,000만 건의 개인정보가 노출됐다. 이쯤되면 한국의 카드사가 가지고 있는 대부분의 개인정보가 유출됐다는 이야기다. 다른 점은 이번 사태는 해커가 아닌 외부 용역 직원이 USB에 고객정보를 옮겨 담아 빼냈다는 것이다.

미국이나 유럽 등에서는 해커들이 유튜브에 광고를 하거나 소프트웨어를 가장한 회사를 차려 개인정보를 빼내고 있다. 이를 바탕으로 카드, 은행 계좌 정보를 알아내 직접 부정 사용하거나 돈을 인출하는 범죄가 끝없이 이어지고 있다. 국내에서도 심부름센터를 가장한 업체들이 세세한 개인정보 매매를 하고 있다. 의뢰인이 원하는 사람의 위치와 주소, 운전기록, 은행 계좌, 재산기록까지 돈을 받고 추적해 주고 있다.

이번 사태는 카드사들이 정보보호에 전혀 관심이 없고, 광고나 마케팅으로 사용하는 그저 수많은 정보 중의 하나로 취급하고 있다는 것이다. 개인정보와 프라이버시는 개인의 소중한 비밀이고 무형의 재산이다. 만일 누군가 당신의 비밀을 알고 있다면, 아마도 인생을 살아가는데 치명적인 고통을 겪는 것은 물론 약점이 잡혀 매장당할 수도 있다.

페이스북 창업자 마크 저커버그가 "프라이버시 시대가 끝났다"고 말해 많은 논란을 일으켰지만, 그 속에는 적지 않은 의미가 담겨 있다. 만일 그렇게 된다면 우리는 발가벗겨진 채 안이 훤히 보이는 유리창 속에 있는 것과 다를 바 없다. 누군가 그 유리창을 들여다보다가 창문을 깨고 안으로 들어올지도 모른다. 깨진 창문으로는 온갖 범죄자들이 몰려들 것이다. 이 지경으로 카드사나 은행이 개인정보를 관리하고 있는데도 마땅히 다른 방법이 없는 게 우리의 현실이다.

둑이 무너지는 것은 한순간이다. 10여 년 전 미국의 한 정보검색회사에 돈을 제공한 스토커는 자신을 피해 이사를 가버린 여성의 개인정보를 알아냈다. 직장주소를 확인한 스토커는 퇴근하는 여자의 회사 앞에서 기다렸다가 결국 짝사랑하던 여성을 살해했다. 개인정보 유출의 심각함을 보여주는 사례였다. 그 후 미국에서는 서비스가 금지됐고, 이후 사회보장번호 등 개인정보 판매금지 법안이 제정되는 계기가 되었다.

개인정보 유출은 언제 어디서 터질지 모르는 시한폭탄 같은 것이다. 설마설마하다가 결국 터지고 말았다. 늦었다고 생각할 때가 빠른 것이다. 개인정보가 이처럼 허술하게 다뤄지고 있다는 것을 일반인들까지 알게 되었으니, 불행 중 다행이다. 금융기관과 관련기업들, 정부가 머리를 맞대고 개인정보 보호 대책을 내놓을 때이다.

  나아가 개인들은 인터넷과 사생활 사이에서 스스로 우리의 인격권, 개인정보를 지키고, 감시해야 하는 디지털 세계에 살고 있다는 것을 자각해야 할 것이다.

사이보그가 되어가는 디지털 인류

공항에서 이륙하는 비행기를 기다리고 있었다. 청사 이륙장 휴게실에서 기둥에 등을 기댄 채 무엇인가를 초조하게 기다리고 있는 사람들의 행렬. 비행기를 기다리면서 대합실 의자에 앉아 절반쯤은 졸면서, 마치 환영을 보는 것 같았다. 줄지어 서 있는 하얀 기둥에 한 명씩 줄줄이 기대 서 있는 이들은 스마트폰 충전을 위해 기둥에 설치된 콘센트에 충전기를 꼽고 멍하니 서 있었다.

그 모습은 살아남기 위해 플러그인 하고 있는 영화 속 사이보그의 모습과 기묘하게 닮아 있었다. 영화 〈매트릭스〉에서 네오를 죽이기 위해 목 뒤에 꽂힌 플러그를 뽑으려고 하는 장면이나 동료들의 몸에 꽂힌 플러그를 뽑기 시작하는 배신자 사이퍼의 모습이 오버랩 됐다.

동시에 사이버 세계와 사이보그를 예측한 윌리엄 깁슨의 소설이 떠올랐고, 그것이 현실화하는 게 아닌가 하는 생각이 문득 들었다.

우리는 아침에 일어나자마자 베개맡의 스마트폰을 집어든다. 집을 나온 후에도 스마트폰은 늘 손안에 있다. 손안의 스마트폰은 더 이상 디지털 도구가 아닌 신체의 일부다. 검색을 하고, 쇼핑을 하고, 버스나 지하철 티켓을 대용하고, TV시청을 하고, 게임을 하고, 대화를 하고, 때로는 지갑이 되기도 하는, 아주 신체에 유용한, 그래서 언젠가부터 우리는 사이보그가 됐다.

얼마 뒤 손을 대신하던 스마트폰은 홀로그램으로 대체돼 스크린 역할을 하고 있을 것이다. 아마 눈동자의 초점은 키보드를 대신할 것이고 더이상 스마트폰이 필요없게 될 것이다. 피부에 이식된 칩이 스마트폰을 대신해 전자신용카드가 되고, 전자지갑이 되고 여권, 열쇠 역할까지 동시에 할 것이기 때문이다.

지난해 미국 스탠퍼드대학의 한 연구팀이 무선 충전이 가능한 쌀알 크기의 인공 심장박동기 삽입기술을 개발했다. 그 이전부터 인간의 몸에 의료장치가 이식되는, 사이버보그 시대가 시작된 지는 오래다. 하지만 무선 충전이 가능하다는 데서 본격 사이보그 시대를 알리는 신호탄이 될 것이라고 언론은 흥분했다. 윌리엄 깁슨이 보고 있었다면 슬그머니 미소를 지었을지도 모르겠다.

〈매트릭스〉〈공각기동대〉〈아바타〉〈인터스텔라〉〈블레이드 런너〉 같은 영화의 모태가 된 것만 보아도 윌리엄 깁슨의 『뉴로맨서』는 세대를 뛰어넘는 경이로운 소설이다. 그의 뛰어난 예지력과 천재적인 상상력은 향후 테크놀로지로 실현된 바 있다.

게다가 원격지에서 타인의 감각을 그대로 느끼게 해주는 심스팀(simstim)이라는 장비는 최근 거액으로 페이스북에 인수된 오큘러스 리프트(Oculus Rift)의 가상현실 헤드셋이 비슷하게 상용화시킬 수 있을 것이라는 주장도 나오고 있다.

그는 소설 속에서 유전자 재배치, 인공장기 교환, 복제인간 등 지금 한창 진행 중인 연구들을 이미 완성시켰다.

아무튼 소설 속 해커는 자유자재로 정보 네트워크에 침투해 중요한 정보, 데이터베이스를 훔치면서 살아간다. 정보의 가치와 혁명 그리고 해커의 동향에 대한 묘사에 이르게 되면 잠시 최근 탈고를 마친 소설이 아닌가 착각할 지경이다. 또한 사이버 스페이스와 정보화 사회, 인공지능 그리고 그것을 통제하려는 거대기업의 이야기는 거의 현실을 판에 박아놓는 듯한 느낌이다.

모든 기계와 가상현실은 인간의 통제 안에 있어 보이지만 사실은 인간이 시스템의 통제를 받는 것처럼, 인간이 인공지능의 매개체로 전락하는 미래 사회. 그것이 윌리엄 깁슨이 바라본 세계이다. 인공지능 침투용, 즉 인공지능 해킹용 프로그램까지 등장하는 부분에서는 그가 『뉴로맨서』에서 치밀하게 무엇을 말하려는지 알 수 있다.

인공지능이 인간을 지배하게 된다는 모종의 암시, 즉 위대한 인간에 의해 만들어진 테크놀로지 세계가 결국은 그 테크놀로지에 의해 지배당하게 될지 모를 '치바시의 빗방울 떨어지는 음울한 회색 하늘' 같은 미래 말이다.

머지않아 인간의 감각기관과 신경망을 연결해 타인의 눈과 귀를 자신의 것처럼 활용하는 해킹 공격기술이 나올지도 모르겠다.

핵시설 원심분리기를 무력화시킨 스턱스넷 악성코드 같은 사이버무기까지 만드는 세상에 다양한 해킹방식과 사이버무기가 선보이지 않겠는가. 게다가 해커들은 취약한 네트워크와 테크놀로지의 취약점을 사냥꾼처럼 찾아 나서고 있고, 네트워크 사회는 여기저기 보수 공사 중이다. 그리고 이제 우리는 그가 던진 음울한 질문에 우리가 대답할 차례이다.

페이스북의 개인정보 유출

 페이스북 사용자 5,000만 명의 개인정보 유출 사건은 예견된 일이었다. 수면 아래에 있는 것이 그저 드러났을 뿐이다. 그동안 한국에서도 크고 작은 개인정보 유출사례가 있었다. 네이트 해킹(3,500만 건)과 국민·농협·롯데카드 사례(8,000만 건)를 비롯해 전국 매장에서 수집한 수백만 건의 개인정보를 보험회사에 팔아서 각각 66억, 23억여 원의 수익을 챙긴 이마트와 롯데마트의 사례가 그렇다.

 3년 전 삼성은 갤럭시 시리즈를 판매하면서 100만 명에게 유명 랩 가수의 앨범을 무료로 다운로드할 수 있는 이벤트를 진행했다. 이벤트에 참여한 사람들은 다운로드한 음악 앱이 사용자 스마트폰의 시스템 도구, 네트워크 통신 기록, 통화, GPS위치 등에 접근해야 한다는 조항에 동의했다는 사실을 뒤늦게 알았다. 24시간 자신의 행방을 계속 넘겨준 셈이다. 이러한 방식은 비단 삼성뿐 아니라 대부분의 인터넷 업체들이 사용하고 있다.

구글은 2013년부터 사용하기 시작한 '공유인증'이라는 희한한 이름을 붙여 고객의 눈을 속였다. 구글 사용자가 구글플레이 뮤직스토어에서 노래에 별 네 개를 주거나 동네빵집을 추천하는 엄지 아이콘을 누르면 그들의 취향과 이름, 추천 정보를 광고기업과 데이터 브로커에 팔아넘길 권리를 얻을 수 있게 만든 것이다. 앱이나 필요한 인터넷 도구들을 사용하고 가입할 때 우리는 읽을 수 없을 정도로 작은 개미가 수없이 늘어서 있는 약관, 즉 권리 포기각서를 마주한다. 사용하기 위해서는 우리에게는 다른 옵션이 없다. 개인정보를 포기한다는 말이다. 그러고 나서 우리가 내뱉을 수 있는 말은 "내 영혼을 팔아먹는 것도 아닌데…"라며 자위하는 게 전부다. 페이스북의 개인정보 유출사건은 2년 전 미국 대선으로 거슬러 올라간다. 페이스북은 '디즈 이스 유어 디지털라이프(this is your digitallife)'라는 앱을 27만여 명이 개인정보 제공에 동의하고 다운 받을 수 있도록 했다. 하지만 고객 정보를 케임브리지 애널리티카(Cambridge Analytica, CA)라는 데이터업체에게 사용자 동의없이 넘겼다. CA가 넘긴 개인정보는 앱을 다운받은 27만 명, 친구관계를 맺은 사람까지 5,000만 명에 달했고 그 개인정보를 가공해서 도널드 트럼프 캠프에 넘긴 것이다.

앞에서 언급한 삼성의 경우와 다른 것은 동의없이 3자에게 개인정보를 넘겼다는 것이다. 게다가 페이스북 내부에서 이 사실을 알고도 숨겼다는 제보가 이어지고 있어 파문은 더 커지고 있다.

구글이나 네이버 등을 포함한 대부분의 인터넷기업의 수입원은 기업에 파는 맞춤형 광고수익이다. 연

매출 44조에 달하는 페이스북의 주요 수입원 역시 개인정보를 활용한 맞춤형 광고수익이다. 이 때문에 인터넷기업들은 개인정보가 불법 유통되어도 때로는 눈감는 경우가 있다. 긍정적 의미에서 개인정보를 포함한 각종 데이터의 구슬을 잘 꿸 수만 있다면 욕망, 공포, 행동 양식, 기후, 질병, 범죄까지 예측할 수 있다. 나아가 국회의원 선거는 물론 대통령 선거를 예측할 수도 있다. 이처럼 정당하게 수집된 정보를 분석 활용해서 미래의 자원으로 구축할 수 있다. 개인의 사생활과 정보수집을 기본으로 시작되는 미래가 빅데이터 시대다.

이번 사건이 폭로된 것은 다만 시작을 알리는 예비종에 불과할 뿐이다. 페이스북 사용자가 탈퇴하고 시가총액이 추락하는 것은 부차적인 문제다.

만일 이번 페이스북 개인정보유출자들의 개개인의 신상정보와 생체정보 그리고 범죄정보 등이 공유된 시스템이 어디선가 돌아가고 있다면, 또 이 시스템이 또다른 개인정보 시스템과 연동되고 있다면, 이처럼 연동된 시스템에 특정 세력, 혹은 사악한 권력이나 대기업등이 침입, 개인 데이터를 줄줄이 꿰고 있다면 다음엔 무슨일이 벌어질수 있을까. 3자에게 동의없이 개인정보를 유출한 회사가 CA밖에 없을까. 네이버에서 얻은 개인정보를 제3자에게 유출하는 기업은 또 없을까.

국내에서 유출된 개인정보는 보험사를 거쳐 유흥업소, 혹은 심부름업체나 범죄집단에 유출되는 경우가 허다하다. 개인정보 유출의 피해는 상상을 초월한다, 신분도용이 될 수 있고, 생명이 희생될 수도 있고, 선거에서 대통령이 뒤바뀔 수도 있다. 정보화 사회에서 모든 문제와 불행의 시작은 개인정보 유출에서 시작되기 때문이다.

개인정보는 개인의 소중한 자유와 인격권이다. 우리 개인정보 보호법은 어느 나라에 뒤지지 않지만 그 실효성에 문제를 제기하는 이들이 적지 않다. 정부의 강력한 의지와 개인의 정보보호에 대한 관심도 지극히 필요하다. 그 소중한 권리를 5,000원짜리 주유권이나 영화티켓 등 쿠폰과 맞바꾸면서 페이스북 파문을 불구경하듯 남의 일처럼 여길 때가 아니다.

인공지능 통제불능 사회가 오나

 며칠 전 밤새 내린 눈 때문에 오랜만에 지하철을 타고 출근했다. 일찍 나와서인지 지하철 안은 생각보다는 덜 붐볐다. 승객 대부분은 스마트폰에 시선을 고정시키고 있다. 그들은 예외 없이 귀에 이어폰을 끼고 있었다. 야릇한 침묵 속에서 스마트폰에 무표정하게 고정된 시선, 그곳에 인간의 생명 같은 건 없는 것처럼 보였다. 물론 생동감과 착각한 건 아니다. 그들은 마치 목적 없이 내달리는 유령열차에 몸을 맡긴 인공지능 로봇처럼 무미건조했다.
 테슬라의 최고경영자(CEO) 일론 머스크의 말이 떠

올랐다. "인류의 현존하는 가장 큰 위협은 인공지능이다. 인공지능은 핵무기보다 더 위험할 수 있다. 인간이 디지털 초지능을 위한 생물학적 장치로 전락할 가능성이 커지고 있다."

물리학자 스티븐 호킹도 비슷한 말을 했다. "완전해진 인공지능은 인류의 멸망을 초래할 수 있다. 진화 속도가 느린 인간은 자체 개량이 가능한 인공지능의 등장으로 경쟁에서 밀리고 결국 인공지능에 대체될 것이다."

아마존의 에코가 애플과 구글을 제치고 인공지능 스피커 시장에서 두각을 나타내는 등 인공지능 시장은 초기라고 해도 과언이 아니다. 그것이 진정한 의미에서 AI(Artificial Intelligence)가 아니라고 지적하는 과학자들도 있긴 하다. 그런 상황에서 머스크의 말은 다소 과장처럼 들릴 수도 있지만 현실은 그렇지 않다.

2017년 새해 벽두 알파고는 세계랭킹 1위인 중국의 커제 9단에게 3전 전승으로 승리했다. 그는 알파고 대국을 앞두고 이세돌에게 한 번 패배한 후 60국을 전부 승리로 이끌었다. 이세돌은 어쩌면 알파고를 이긴 마지막 인간으로 남게 될지 모른다. 알파고의 무한질주에 두려움마저 든다.

인공지능이 인간을 따라잡을 날이 그리 머지않았다는 생각은 기우일까. 과학자들 사이에서는 향후 30년 뒤면 인공지능이 인간의 통제를 벗어날 수 있을 것으로 예측한다. 구글, 아마존 등 5개사는 인공지능이 인간을 통제하는 세상을 우려해서 인공지능 연합체를 만들어 미래를 준비하고 있다.

구글의 인공지능 부문인 딥마인드와 옥스퍼드대 과학자들은 비상시 작동을 멈추게 할 인공지능 킬(kill) 스위치를 개발 중이다. 높은 수준의 인공지능을 계획적으로 설계하는 것은 쉬운 일이 아니다. 인공지능 개발자들은 지능형 기계에 올바른 명령을 내릴 수 있다고 여기고 있으나, 그 결과에 대해서는 전혀 예측할 수 없다고 말한다. 전원을 꺼버리면 끝나는 게 아니냐고 생각하는 사람들도 있지만 슈퍼 인공지능 시스템은 인간이 자신들의 전원을 끌 수도 있다는 위험을 인지하고 있다는 섬뜩한 사실을 알아야 한다고 알려준다. 문제는 바로 여기 있는 것이다.

타르코프스키 영화 〈솔라리스〉는 어떻게 보면 SF를 가장한 철학영화라고 볼 수도 있다. 주인공들은 인간의 미개척지인 우주, 솔라리스라는 행성에 도착한다. 그것에서 지적 외계생명체와 접촉을 시도한다. 하지만 타르코프스키는 우주라는 미개척지에 천착하지 않는다. 영화 속에 나오는 박사의 말은 감독의 말이기도 하다.

"과학은 부질없소. 우리에게 우주 정복 따위의 야망은 없는 거요. 단지 지구의 영역을 우주로 확대할 뿐, 더 이상의 세계는 필요 없소. 인간은 자신을 비춰볼 거울을 필요로 할 뿐이오. 인간에겐 인간이 필요할 뿐이오." 타르코프스키는 우리가 먼저 탐험해야 할 새로운 미개척지는 우주보다 마음이라고 말한다.

우리는 그동안 테크놀로지 개발에서 만드는 도구가 어떻게 비이성적으로 사용될지, 그에 대한 도덕적 윤리적 책임 등에 대해 간과했다. 나아가 기술의 냉혹한 칼날을 지혜롭고 현명하게 겨누는 것에 대한 논의는 말할 것도 없다. 결국 기술 지상주의로 길을 잃은 우리는 어쩌면 로봇, 인공지능에게 통제를 자청한 것인지 모른다. 타르코프스키가 말한 것도 같은 차원일 것이다. 윤리적 차원에서 기계는 우리 선한 의지의 연장선상에서 작동하도록 설계되고, 준비되어야 한다.

스탠리 큐브릭의 〈2001 스페이스 오디세이〉는 SF 영화의 고전으로 통한다. 인공지능 로봇 '할 9000'이 인간을 지배하려고 반란을 일으키는 장면은 보고 또 봐도 섬뜩하다. 최근 개봉한 영화 〈트랜센던스〉와 〈엑스마키나〉에는 인간과 비슷한 지능을 갖춘 고도로 발달한 인공지능이 등장한다. 두 영화 공히 미래 인류에게 인공지능이 어떤 결과를 초래할지에 대한 혼란스러운 고민을 담고 있다. 영화가 예측하는 세계는 역시 암울한 디스토피아다. 인간문명이 종말을 맞는 디스토피아, 인공지능은 인간의 자유와 해방 대신

감시와 지배, 억압의 도구로 다루어진다.

　스티븐 스필버그는 'AI'에서 인간보다 더 인간적인 인공지능 로봇을 묘사하지만, 우리가 예견하는 세상은 어쩐지 스필버그의 것보다는 전자에 가까워서 우려스러울 뿐이다. 타르코프스키가 남긴 숙제를 풀게 되면 문제는 조금 덜 어려워질 수도 있다.

말을 알아듣는 가전제품, 그 이면의 충격

인공지능 비서인 아마존의 에코에 이어 '구글홈'이 미국에서 선보였다. '구글홈'은 음악 재생은 물론 집안의 각종 기기제어까지 하는 사물인터넷(IoT)의 상징적 존재로 관심을 모은다. '구글홈'은 음성인식 기반의 인공지능 홈비서로 원통형 스피커 모양이다.

유튜브, 구글포토, 구글지도 등 다양한 플랫폼을 갖추고 있는 구글은 이같은 서비스와 연동해 다양한 맞춤형 비서 기능을 제공한다.

딥러닝이라는 인공지능 기술이 발달하면서 4차 혁명의 한 축이 될 인공지능에 대한 관심은 알파고 이후 지나칠 정도다. 인공지능이 마치 모든 문제를 해결해주고 인공지능 로봇 때문에 실업자가 속출할 것으로 예상하지만, 아직은 기우다.

아마존 에코는 우버택시를 호출하거나 도미노 피자를 주문할 수 있다. 방안에서 BMW의 시동을 걸고, 자동차 문을 열거나 지름길을 검색할 수도 있다. 향후 에코는 조리기구, 가정용 보안시스템, 원격 감시시스템, 아동용 장난감 등 다양한 서비스로 공간을 확장할 것이다. 나아가 사물인터넷 기기들을 통제하는 허브로 자리 잡을 것으로 전망된다. 얼마 전 일단의 해커들이 인터넷 공유기와 보안카메라 등 인터넷망에 연결된 사물인터넷 기기를 통해 대규모 디도스 공격을 감행했다.

그 결과 트위터, 넷플릭스, 뉴욕타임스 등 1,200여개 웹사이트가 10시간가량 마비되고 접속이 끊기는 사고가 발생했다. 사물인터넷이 점차 실현되면서 이 같은 위험은 예견됐지만 상황은 녹록치 않다. 시만텍이 조사한 결과에 따르면 사물인터넷 기기를 노린 사이버 공격은 지난해 최고치를 기록했고, 올해도 이어지고 있다. 공격의 진원지는 주로 중국(34%)과 미국(28%)인 것으로 나타났다. 해커들은 사물인터넷 기기를 공격 도구로 활용하는데 그치지 않고, 기기를 감염시키기도 한다. 사이버 공격은 초연결사회의 근간을 뒤흔들 수 있는 가장 위험한 적이다. 더불어 제기되는 사생활 침해 문제도 한 축이다. 구글홈의 경우 이미 출시 전부터 가청 범위상 모든 것을 저장해 분석할 수 있는 일명 '올웨이즈 온'이 과도한 기능을 갖춘 것으로 분석되고 있다. 구글은 온라인 검색, e메일에 사용한 단어와 표현, 구글맵의 길찾기 및 위치 등 다양한 사용자 정보를 수집하고 있다.

여기에 이제 사용자가 집에서 하는 각종 행동에 대한 정보가 추가될 것이다. 올웨이즈 온 기술이 탑재된 구글홈은 더 많은 개인 데이터를 구글에 전달할 것이다. 사용자가 어떤 TV프로그램을 시청하는지, 언제 집이 비게 되는지 알게 될 것이다. 구글은 홈 장치에서 수집한 데이터를 아마 광고주에게 제공할 것이다.

많은 사람들은 의사, 변호사, 상담사 등에게는 이야기할 수 있지만 가까운 사람들이 알면 당황 스러운 비밀을 한두 개쯤 가지고 살아간다.

우리는 본능적으로 사생활을 갈구한다. 그것은 마치 공기를 들이쉬거나 물을 마시는 것처럼 반사운동이 아니다. 감시당하거나 누군가 지켜보고 있을 때 우리의 행동은 부자연스럽다. 사람들은 누가 지켜볼 때는 그들 스스로 내린 결정이 아니라 다른 사람들이 자기에게 거는 기대나 사회 통설의 지시에 따라 결정을 내린다고 한다.

구글홈 같은 기기가 더 정교해지면, 가장 안락하고 편안해야 할 집안에서조차 스마트홈 기기들로 인해 대화에 두려움을 느끼게 될지도 모른다.

아내와 정원에 스파 욕조를 설치할 계획이라는 대화를 나눴다고 가정해보자. 그날 이후 e메일의 편지함이나 방문한 인터넷 사이트에 스파 욕조와 관련된 광고 메일이나 배너 광고가 가득할 수 있다. 첨단기기가 주는 편리함이 정교하게 계획된 광고와 개인 정보 노출이 초래하는 불편함을 동반할 것이다.

구글홈은 과거 어느 때보다 많은 사용자 정보를 수집하게 될 것이다. 물론 구글은 광고나 개인화된 마케팅, 검색어 편의 등의 목적 외에 활용하거나 다른 사람에게 정보를 노출하지 않을 것이라고 말할 것이다. 그러나 100% 믿을 수는 없다.

그들이 해킹을 당할 수도 있고, 담당자가 개인정보를 팔아먹을 수도 있기 때문이다. 우리가 마주하게 되는 초연결 세상에서는 아주 사소하고 조그마한 취약점이 모든 시스템을 뒤흔드는 엄청난 재앙으로 번질 수 있다. 사이버 공격과 프라이버시 침해는 바로 그 무섭고 두려운 취약점이다.

위치추적기와 프라이버시

그녀는 언제부터인가 전 남자친구에게 시달렸다. 그녀가 가는 곳에 그 남자가 있었다. 남자가 자동차에 심어놓은 GPS추적기 때문이었다. 15년 전 영화 〈다빈치코드〉의 랭던 박사로 나오던 톰 행크스의 재킷에 숨겨졌던 초소형 GPS를 바라보면서 저게 가능한 일일까라고 냉소했던 필자의 생각은 착각이었다.

GPS는 이미 일상에 들어왔다. 스마트폰은 세상에서 가장 빠른 GPS이며, 접속하는 모든 스마트폰 주인을 추적할 수 있다. 굳이 심부름센터나 해커만 GPS를 이용할 수 있는게 아니다. 정보를 잘 이용하기만

하면 구글앱에서 우수한 실력을 갖춘 GPS를 다운받아서 활용할 수 있다.

이로 인해 프라이버시와 프라이버시의 한계에 대한 논란은 끊이지 않고 있다. 미국 연방대법원은 2012년 경찰이 용의자의 차량에 GPS를 부착해 위치정보를 수집하는 것은 부당한 수색에 해당한다고 판결했다. 개인의 프라이버시가 중요하다고 본 셈이다. 하지만 구글의 에릭 슈미트 회장이나 페이스북의 저커버그는 한목소리로 프라이버시 시대는 끝났다고 주장한다.

물론 이에 대한 대비책이 전혀 없는 건 아니다. 이미 GPS를 무력화시킬 수 있는 웨이브 버블, 즉 전파거품이라는 도구가 존재한다. 하지만 문제가 있다. 웨이브 버블을 소지할 경우 반경 수 킬로미터 이내의 전파신호를 방해, 개인의 프라이버시 한계를 넘어서 버리는 게 흠이다. 위치추적을 당하고 있는 범죄자가 우연히 웨이브 버블을 소지한 사람과 같은 쇼핑몰에 있다고 가정해 보자.

갑작스럽게 GPS수신기의 교란으로 경찰은 난감한 상황에 처하게 될 것이다. 혹은 웨이브 버블 소지자가 승선한 거대 유람선이 태풍을 맞는 상황이라면, 수백 아니 수천 명의 생명을 안전하게 지켜야 할 GPS 등 각종 항법장치는 무용지물이 되어버릴 것이다. 이런 이유들 때문에 사실상 미국에서는 웨이브 버블 소지가 법적으로 금지돼 있다.

GPS스푸핑이란 방법도 있다. 스푸핑이란, 글자 그대로 '속인다'는 말이다. 이는 GPS신호를 조작해서 위치를 위장해, 신호가 유효한 진짜 신호를 납치해서 GPS송신기를 교란시키는 방법이다.

일반적으로 해킹을 통해 이루어지지만, GPS 신호를 변조할 수 있는 도구만 있으면 누구나 쉽게 GPS 스푸핑을 할 수 있다. 개인적으로 자신의 위치를 노출시키지 않기 위해 사용할 수도 있지만, 항공기·자동차·드론 등에 사용되는 GPS위치를 가로채서 가짜 신호를 전달하게 된다면, 심각한 상황을 초래한다.

GPS는 오차범위가 센티미터 단위 수준으로 진화

하고 있다. 지금처럼 프라이버시가 큰 이슈가 되기 전까지만 하더라도 GPS는 일반인들에게 아주 유용한 도구로만 인식됐다. 일상 깊숙이 침투한 GPS는 우리에게 없어서는 안 될 존재로 자리매김 중이다.

내비게이션 없이도 초행길의 목적지를 잘 찾아가고, 미로 같은 고속도로도 무사히 빠져나왔다. 하지만 지금은 내비게이션 없이는 아는 길도 찾아가기 힘들다.

물론 GPS스크린을 조작, 엉뚱한 길로 유인해서 당신의 생명을 노릴 수도 있고, 연료가 바닥났음에도 불구하고 가득 찼다고 조작을 해 고속도로상에서 차주를 위험한 상황에 빠뜨리게도 할 수 있다.

여전히 GPS는 향후에도 우리의 삶을 안락하고 편안하게 해 줄 것이다. 초소형 GPS가 일반화될 경우 스마트폰에 장착한 앱을 통하면 리모컨이나 지갑, 자동차 키 등이 거실 소파나 침대 한 구석에서 대답해 줄 것이기 때문이다. 이미 GPS는 아니지만 앱을 통해 찾을 수 있는 리모컨도 선보이고 있다.

일각에서는 법으로 금지됐다 하더라도 웨이브 버블을 소지하는 사람이 생겨날 것이고, 범죄자들이나 해커들이 GPS스푸핑을 통해 어떤 위험한 시도를 할지는 누구도 모르는 일이다. 2011년 미국의 스텔스 드론 RQ-170기가 이란 상공에서 실종됐다. 실종된 스텔스 드론은 어떤 손상도 없이 이란의 국영방송에 등장했는데, 이란 당국은 GPS스푸핑으로 무인기를 나포했다고 밝힌 바 있다.

GPS스푸핑은 이처럼 위협적인 결과를 초래하기도 한다. 2015년 열린 국제 해킹보안 컨퍼런스에서 치후360이라는 중국 IT보안업체 연구팀이 항공기, 드론 등의 GPS위치를 가로채는 GPS스푸핑을 시연하기도 했다.

첨단기술은 세계를 완전히 다른 모습으로 바꾸어 놓았다. 우리가 살아가고 있는 디지털 시대, 그곳에서 시스템들은 너무나 복잡하게 연결된 채 상호작용을 하고 있다. 그 속에 내재된 취약성은 점점 커지고 있다. 그리고 길을 잃은 시대, GPS의 경이로움 뒤에 숨겨진 치명적 위험은 아이러니하게 프라이버시라는 길에서 이탈하고 있는 첨단 디지털 시대의 현실을 적나라하게 보여주고 있다.

디지털 위험에 노출된 어린이

　해커들의 공격 목표가 어린이에게까지 확대되고 있다. 그것도 전 세계 어린이들의 사랑을 도맡은 캐릭터와 완구업체 이용자라는 데서 섬뜩하다. 전 세계 어린이 캐릭터 헬로키티가 해킹당한 것은 지난 연말이었다. 연달아 세계 유명 완구업체가 해킹 공격을 받았다. 최근의 어린이 성추행 과학대, 아버지에 의해 벌어진 시신훼손 사건은 문득 지난 사건을 떠올렸다.

　지난 연말 헬로키티 팬 커뮤니티 사이트 회원 330만 명의 개인정보가 유출됐다. 비슷한 시기에 홍콩 완구업체 브이텍이 해킹당해 개인정보 1,121만 건이 유출됐는데 그중 어린이 정보만 636만 건에 달했다. 국내 어린이들도 많이 사용하고 있는 홍콩 브이텍 완구업체에서 유출된 정보는 부모와 자녀간 채팅앱 키드커넥트 정보에서 비롯된 것이다.

그중에는 성명, 성별, 생년월일, 주소, 아이와 부모의 사진 및 채팅 로그데이터 등이 포함돼 있었다. 이 같은 정보는 범죄자들이 향후 목표물에 쉽게 접근하거나 다가갈 수 있는 미끼 정보로 활용될 수 있다. 물론 어린이들이 직접 타깃이 될 수도 있다.

어린이들의 장난감은 스마트 장난감이나 온라인으로 대체되고 있다. 때론 스마트폰 자체로 장난감을 대체하는 경우도 적지 않다. 아이를 달래기 위해 스마트폰으로 '뽀로로' 만화영상을 보여주고, 스마트폰을 게임 장난감으로 변신시키는 것이다. 스마트 장난감은 우리가 사용하는 가전제품과 다를 바 없다. 스마트폰과 연동되는 제품은 물론, 태블릿처럼 터치스크린을 지원해 어린이와 상호 커뮤니케이션이나 인터랙티브한 기능을 지원한다.

카메라 기능을 갖춘 드론이나 말하는 로봇, 미니 컴퓨터 역할을 해주는 형태도 있다. 스마트 장난감들은 언제 무기로 변할지 모른다. 어린이 행사 공연장을 떠도는 드론에 자살특공대들의 폭탄이 장착될 수도 있다. 해커들은 아이들이 이용하는 스마트 장난감의 모바일 앱을 감염시켜 부모의 데이터에 접근할 수도 있다. 어린이들은 스마트 장난감에 부착된 GPS로 범죄자의 타깃이 될 수도 있다.

어린이들에게 얻은 문자메시지, 웹 방문 기록, 사진, 수신 목록도 사이버 범죄자들에게는 매력적인 정보가 될 수 있다. 최악의 경우 유출된 어린이들의 정보가 암시장에서 거래되고, 데이터를 입수한 어떤 소아 성애자 역시 범죄를 계획할 수도 있다. 어린이를 유괴해 몸값을 요구할 수도 있다. 이에 연동되는 부모의 생물학적 유전정보, 의료정보, 범죄정보 등은 개인의 정체성을 드러내 주는 중요한 데이터가 될 것이다. 그렇게 되면 부모는 물론 어린이까지 동시에 1

석2조의 범죄대상이 된다.

처음에 사람들은 무인자동차가 해킹당했다는 소식에 놀랐다. 다음은 인터넷에 연결된 세탁기나 TV가 해킹당해 그것이 디도스 공격의 도구로 이용된다는 사실에 놀랐다. 하지만 그것도 한때 뿐이다. 일간지 한구석에 실려 있는 개인정보 유출은 더 이상 기삿거리가 아니다. 기삿거리가 아니라서 더 이상 실리지 않는 해킹, 개인정보 유출사건은 전 세계에서 쉬지 않고 발생하고 있다.

그래서인지 아무리 중요성을 강조해도 본인과 관련돼 사고가 발생되지 않는 한 관심을 가지지 않는다. 그것은 개인이나 기업이나 별로 다를 게 없다. 창조경제의 축의 하나라고 강조하지만 국내 보안시장이 여전히 한산한 이유 중의 하나다. 물론 기본적으로 살아남기에 총력을 기울이고 있는 벤처나 중소기업들은 보안시스템을 갖출 여력이 없다고 하소연한다.

하지만 어렵더라도 보안은 이제 기업 시스템과 따

로 떨어진 것이 아닌, 가장 기초적인 투자라는 사실을 깨달아야 한다. 민감한 어린이 정보를 관리하는 외국 대형업체의 보안수준이 원시적일 정도로 처참한 수준이었다고 자위만 할 수 없지 않은가.

최근 음성인식 기술을 탑재한 말하는 인형 '헬로 바비'를 출시한 마텔사는 나름 보안을 갖추었다고 주장했지만, 해커들은 여전히 취약점 투성이라는 반응을 보였다.

사이버 범죄가 급속도로 다양한 형태로 진화하고 있다. 디지털화되는 세상, 장난감이 더욱 똑똑해지고 디지털, 온라인화 되면서 어린이들 또한 그 위험에 노출되고 있다. 그 대가는 누가 치러야 할 것인가. 어린이들의 민감한 개인정보가 어디로 흘러가는지, 누가 지켜보고 있는지, 어떻게 사용되는지는 우리 스스로 추적하고 관리해야 한다.

개인정보를 쿠폰과 맞바꾸게 된다면

 링컨 라임 시리즈로 유명한 제프리 디버의 소설 『블루 노웨어』에는 한 여성이 어느 사이코의 범죄 타깃이 되는 장면이 나온다. 여성의 블로그에 나오는 모든 정보를 퍼즐로 맞힌 그는 술집에서 그 여성에게 먼 친척을 가장해 접근, 차로 유인·납치한 다음 섬뜩하게 말한다. "난 너에 대해 잘 알고 있어, 그야말로 모든 걸 말이야."

 한 휴대폰 대리점에 일렬로 긴 줄이 서 있었다. 5,000원짜리 액정화면을 무료로 갈아 끼워주고 있었다. 그렇지 않아도 액정화면이 여기저기 긁힌 터라

바꾸려고 줄을 섰다. 그런데 액정을 갈아 끼운 젊은 이가 대리점 직원이 준 종이에 개인정보를 적는 광경을 목격했다. 개인정보를 거부감 없이 얻어내는 대리점의 상술에도 놀랐지만, 그것을 알고도 아무렇지 않게 줄을 서서 5,000원짜리 액정화면과 개인정보를 바꾸려고 서 있는 사람들의 표정은 자신들이 어떤 짓을 하고 있는지 모르는 것 같았다. 개인정보 파산을 선언하는 중이다.

거창하게 들릴지 모르지만 사실이다. 개인정보 파산은 자신의 개인정보를 아무런 거리낌 없이 만인에게 내어주고, 자신의 가치와 존재를 쓰레기통에 내다 버리는 것과 다를 게 없다. 개인들은 이제까지 권리와 자유를 주장하고, 미국의 경우 국민의 절반이 반테러 조치보다 개인정보가 침해 받지 않을 권리가 우선순위라고 대답한다. 우리나라도 예외는 아니다. 평상시 개인의 권리나 자유가 침해되는 경우를 못 견뎌 하면서 1만 원짜리 영화티켓이나 주유소 티켓 한 장과 쉽게 개인정보를 바꿔버린다.

개인정보가 수십 가지 경로를 통해 유통되고 부메랑이 되어 갑자기 뒤통수를 칠 경우, 어떻게 감당하려고 하는가. 개인정보에 대한 인식 제고가 필요하다. 전순옥 의원이 밝힌 자료를 기초로 서울YMCA가 분석한 바에 따르면 이마트는 전국 매장에서 경품 행사를 벌여 수집한 개인정보 311만 2,000건을 보험사에 66억 6,800만 원에 팔았다고 한다.

롯데마트도 전국 매장과 온라인몰에서 수집한 개인정보 250만 건을 보험사에 팔아 23억 3,000만 원을 챙긴 의혹을 받고 있다고 한다. 사실이라면 이 얼마나 부도덕하고 후안무치한 짓인가.

이처럼 우리가 아무 생각 없이 흘려버린 개인정보는 보험사로 들어간다. 때로는 유흥업소에 유출되기도 하고 심부름업체나 범죄집단에 유출돼서 그들의 타깃이 된다. 필자는 우연히 럭셔리 블로그로 유명한 30대 여성의 블로그에 들어가 본 적이 있다.

영화나 드라마의 주인공처럼 럭셔리하고 화려한 생활을 즐기는 여성이어서 20~30대 주부들 사이에 유명한 여성이라고 한다. 그는 외국에 살고 있는 한국 여성이다. 그는 명품으로 온몸을 치장하고, 아들, 남편과 함께 여행지에서 구입한 명품백과 옷, 수영복, 신발 등을 세세하게 찍어서 올려놓는다. 때로는 남편이 생일선물로 준 수억 원대의 독일 차량을 인증하기도 한다.

그의 블로그에 악플을 다는 경우, 그는 "당신들이 콩나물, 두부 한 모를 사는 게 일상이듯 내가 명품을 사는 것도 나의 일상이고, 그저 나의 일상을 기록하는 것 뿐이니 거슬리면 오지 말라"고 당당하게 공지한다. 블로그를 보면 그의 남편이 하는 사업이 정말 크게 번창하고 있다는 사실을 의심할 여지가 없다. 그런데 한쪽에서 그가 개인정보를 끊임없이 내어놓고 개인정보 파산을 선언하고 있어서 걱정스럽다.

어떤 범죄자가 행여나 그와 그의 가정을 타깃으로 무언가 계획하지 않을까 하는 노파심에서다. 인터넷상에서 악성 댓글을 단 일베 판사의 정체가 드러난 것은 두세 번의 구글 검색만으로 충분했다. 일베 KBS

기자 역시 마찬가지다. 그 역시 구글링을 통해 신분이 노출됐다. 부주의하게 인터넷을 사용해도 자신의 신분이 노출되는 세상이다. 물론 그들의 행동을 두둔하는 게 아니다. 스스로 개인정보를 내놓고 개인정보 파산 선언을 한다면 그게 얼마나 위험한 일인지 체득했을 것이다.

이 같은 일은 우리 사회에서 벌어지고 있는 극히 일부에 불과하다. 우리가 아무렇지도 않게 개인정보를 쿠폰과 바꾸거나 블로그나 SNS 등에 과도하게 노출시키게 된다면 그것은 본인의 권리와 자유를 포기하는 행위가 될 수 있다.

개인정보는 개인의 소중한 자유와 인격권이다. 그 소중한 권리를 1만 원짜리 주유권이나 영화티켓 등 쿠폰과 맞바꾸면서 개인정보 침해를 외쳐서는 곤란하다.

03
자본주의 기반 디지털 제국의 지배

윌리엄 깁슨의 '뉴로맨서', 미래를 예측하다

 그는 사이버 스페이스에서 정보를 훔치는 해커다. 고용인의 정보를 훔치던 그는 배신의 대가로 신경계가 손상된 채 무력한 날들을 보낸다. 그러던 중 그에게 아미티지라는 미지의 인물이 나타나 신경접합 수술을 지원하고 자신의 명령을 따라줄 것을 요구한다. 그는 새로운 고용관계를 맺고 다시 해커로 활동하게 된다. 그는 의문의 고용인이 재벌이 만든 두 개의 인공지능, 뉴로맨서와 윈터뮤트의 명령을 받는 또 다른 인공지능이라는 사실을 알게 된다. 윌리엄 깁슨의 21세기 뛰어난 소설『뉴로맨서』줄거리의 일부다.

소설에 나오는 두 개의 인공지능, 뉴로맨서와 윈터뮤트는 실재와 가상세계, 영혼과 육체의 총체 등을 상징하는 매트릭스로 완성된다. 최근 인공지능 알파고 열풍은 깁슨의 소설 『뉴로맨서』의 장면을 떠올리게 한다. 인공지능은 제4차 산업혁명의 주요 기술이다. 이 모든 것의 기초가 되는 것은 프로그래밍이며, 이는 프로그래머가 컴퓨터 언어로 소프트웨어를 만들어 내는 과정이다. 스티브 잡스나 빌 게이츠는 어려서부터 컴퓨터 프로그래밍을 즐겼다. 구글의 창업자 래리 페이지와 세르게이 브린, 그리고 마크 저커버그도 마찬가지다. 그들은 프로그래머인 동시에 원래 의미로서의 해커였다.

얼마 전 다음 카카오에서 김기사라는 내비게이션 프로그램을 626억 원에 인수했다. 창의적인 소프트웨어를 개발하면 시장은 언제나 호응한다. 잡스는 "모든 사람들이 어린 시절부터 프로그래밍 언어를 배워야 한다"면서 "프로그래밍이 생각하는 법을 알려주기 때문"이라고 강조했다.

페이스북의 전신이라 해도 과언이 아닌 싸이 월드나 아이러브 스쿨 같은 사이트는 충분한 저력을 가졌음에도 결국 문을 닫았다. 세계 최초의 SNS였지만, 비즈니스 모델을 제대로 구축하지 못했을 뿐더러 서버자원 구축 등 서비스의 불안정성이 실패요인이었다. 하지만 가장 큰 요인은 그 어디에도 없는 서비스를 개발했지만 어떻게 이끌어 나가야 할지 개발자조차 알지 못했다는 거다. 이 과정에서 잡스가 지적한 사고하는 법을 제대로 몰랐기 때문에 실패하지 않았나 하는 생각이 든다.

미국, 영국, 핀란드 등 선진국들은 소프트웨어 교육에 미래를 걸고 있다. 미국의 경우에는 고등학교 컴퓨터 프로그래밍 수업 의무화로 청소년 컴퓨터 프로그래밍 교육 활성화 방안을 마련해 이행 중이다. 현재 우리나라도 중요성을 깨닫고 향후 프로그래밍 수업을 진행할 계획이었지만 구체적 이행방법에서 논란을 겪고 있는 것으로 알려졌다. 교육당국에서 하루빨리 교통정리에 나서 프로그래밍 교육에 박차를 가해야 한다. 시간이 많지 않다. 우리는 장시간 소프트웨어 산업에 대한 관심을 잃었고, 이에 대한 소홀한 정부 대책으로 소프트웨어 엔지니어들의 경쟁력이 떨어지고 있고 가용 인력조차 부족하다는 것이 업계의 진단이다.

소프트웨어가 세상을 먹어치우기 시작하면서 프로그래머들이 세상을 지배하기 시작했다. 음악에서는 아이튠스, 판도라 심지어는 애니메이션의 픽사를 비롯한 소프트웨어 기업들이 업계를 지배하기 시작한 지 10여 년이 지났고 그 흐름은 계속됐다.

최근 사람들의 인공지능에 대한 관심은 대부분 인공지능이 인간을 지배할 수 있다는 디스토피아적 관점에 초점을 맞추고 있다. 수십 년 동안 인공지능은 체스에서 인간에게 패배를 안겨줬고, 심지어 퀴즈쇼에서도 인간에게 승리했다. 이길 수 없다던 바둑에서조차 4승1패로 인간을 넘어섰다. 그렇다고 해서 인공지능이 인간의 지능을 지배할 수 있다는 가설은 아직 시기상조다. 인공지능은 우리의 노력과 땀이 이룬 성과이지 싸움 상대가 아니다. 우리는 인공지능과의 공존을 도모하는 것은 물론 삶의 파트너로 받아들여야 한다.

알파고와 이세돌의 바둑 대전 이후 정부는 향후 5년간 3조5,000억 원을 투자해 인공지능 5개 분야에서 세계 최고 기술을 확보하겠다는 '지능 정보산업 발전 전략'을 내놨다. 잘한 일이지만, 꼭 이벤트가 있어야 이 같은 갑작스러운 투자와 전략을 내놓는 것 같아 한편으로는 안타깝기도 하고, 걱정스럽기도 하다.

인공지능은 이미 우리 일상에 파고들었다. 무인자동차, 로봇청소기, 번역기, 드론은 생활용품으로, 로봇인형이나 로봇애완동물 등은 인간의 파트너로 자리잡아가고 있다. 이 정도 속도라면 의학, 금융, 구조 등에서 10년 내에 상용화가 가능한 인공지능 로봇이 눈앞에 선보일 것이다. 혁신과 창의적 사고의 아이콘 스티브 잡스의 '전 국민의 프로그래밍 스터디'를 명심해야 한다.

그는 또 죽음을 앞두고 "개발은 머릿속에 담긴 수

천가지 개념들을 원하는 결과에 도달할 때까지 계속 새롭고 다른 방식으로 끼워맞추기를 하는 것"이라면서 "이것은 삶의 끊임없는 과정과 다를 게 없다"고 강조했다.

스티브 잡스와 이재용

삼성전자(이하 삼성)는 스마트폰 경쟁에서 계속 선두를 유지할 수 있을까. 일찌감치 4차 혁명에 나선 구글 등 유수기업들과의 경쟁에서 살아남을 수는 있는 걸까. 소니나 노키아, IBM처럼 비참한 최후를 맞이하는 것은 아닐까. 이재용 부회장(2017년)이 구속되면서 삼성의 위기를 점치는 이들도 있었지만 당시 갤럭시8 판매가 시작되는 4월 이후가 가늠자가 될 것으로 전망했다. 삼성은 갤럭시8에 4차 혁명의 화두로 관심의 초점이 되고 있는 인공지능 비서 기능을 탑재했다.

빛의 속도로 진행되는 디지털 변혁에 적응하기 위해 구글을 비롯해 유수의 기업들이 IT생태계를 통째로 갈아치우고 있다. 실리콘밸리 생태계가 경쟁이 아니라 독점체제로 바뀌고 있는 것이다. 정보와 자본을 독점한 구글 같은 기업들이 실력있는 기업 사냥에 몰두하고 있다.

오히려 벤처캐피털들이 문을 닫아야 할 지경이다. 구글은 오래전부터 4차 혁명을 준비해 왔다. 1998년 설립 이후 인수한 기업만 100개가 넘는다. 삼성이 사용했던 운영체제 안드로이드도 알고 보면 구글이 인수한 업체 작품이다. 알파고로 유명한 인공지능 딥마인드나 유튜브도 마찬가지다. 구글은 때로는 경쟁관계에 있는 벤처기업을 사들여 고사시키는 방법도 사용한다.

삼성은 이건희 회장 시대에 반도체와 휴대폰에 사활을 걸어 글로벌 기업으로 자리매김을 했다. 하지만 삼성은 갤럭시 이후를 준비하는 먹거리를 선보이지 못했다. 가전제품에 강점을 가지고 있는 삼성이 스마트홈에 집중할 경우 큰 효과를 낼 수도 있을 것이다.

그보다 먼저 할 일이 있다. 삼성이 4차 혁명에서 살아남고 선도하려면 편법과 부정으로 얼룩진 과거의 경영문화와 단절해야 한다. 정경유착, 족벌경영과 이별을 고해야 한다. 따라서 이번 사건은 삼성에는 독이라기보다는 약이 될 확률이 높다. 부정부패에 뿌리를 내린 성장 동력은 언젠가는 썩게 된다. 그때는 뿌리째 뽑혀 버림받게 될 것이다. 월스트리트 저널은 이 부회장이 삼성 전체를 총괄하지 않을 경우 삼성의 경영이 더 투명해질 것이라고 주장했다.

삼성은 바람직한 문화를 배워야 한다. 스티브 잡스는 "해군보다는 해적이 되자"며 애플의 시작을 해적 깃발로 알렸다. 해적에게 배 밖은 당장 어두컴컴한 바다이다. 여유가 없다. 이미 싸울 준비가 돼 있다. 과거의 틀도 부술 줄 아는 창조적 파괴정신이 충만하다. 빌 게이츠는 80조 원에 달하는 재산 가운데 세 자녀들에게 각각 100억 원씩만 유산으로 남기고 나머지는 기부하겠다고 밝힌 바 있다. 저커버그 역시 페이스북의 지분 중 99%를 기부하겠다고 밝혔다. 재벌 일가들, 특히 삼성의 이재용 부회장은 그들의 돈에 대한 철학은 물론 경영철학, 문화를 연구하고 배워야 한다.

향후 10년간은 전 세계의 IT산업 구조개편이 일어나는 중요한 시기가 될 것이다. 아이러브 스쿨이나 싸이월드가 세계 최초의 SNS를 선보였음에도 불구하고 시대의 흐름을 읽지 못한 채 사라진 것이 그런 경우다. 페이스북 같이 뛰어난 서비스를 만들고도 비즈니스 모델 구축과 글로벌화에 실패, 문을 닫았다. 이처럼 디지털 기업의 흥망성쇠는 눈 깜짝할 사이에 이루어진다.

미국 시장조사기관 〈스트래티지 애널리틱스〉에 따르면 삼성전자는 지난해 4분기 총 7,750만 대의 스마트폰을 판매해 세계시장의 17.7%를 차지했다. 반면 애플은 같은 기간 7,830만 대의 아이폰을 판매해 역대 최대 판매량을 기록하면서 점유율을 17.8%로 끌어올렸다. 전년 대비 삼성에서 5% 줄어든 양을 애플이 가져간 것으로 분석된다. 이 부회장은 한때 e-삼성이라는 인터넷업체를 맡았지만 결국 문을 닫았다. 오래전 일이지만 경영능력에 의구심을 불러일으킨 것은 사실이다.

스티브 잡스 이야기를 해보자. 잡스와 이재용은 다르다. 잡스는 아이폰의 창조자다. 시대문화를 읽을 줄 아는 인문학도이기도 하고 아이폰이라는 놀라운 디바이스를 상상하고, 현실화한 개발자이기도 하다. 그는 아담과 하와를 창조한 야훼처럼, 피에타를 조각하고 마무리하는 미켈란젤로처럼, 자신의 영혼이 담긴 피조물, 아이폰을 세상에 선보였다. 아이폰을 구매하는 소비자들은 그저 아이폰이라는 스마트폰을 구매하는 게 아니다.

잡스는 천재적인 마케팅 능력과 재능도 갖추고 있다. 한 시대의 문화가 담긴 제품은 그래서 시대를 뛰어넘어 존재하는 것이다. 삼성은 이제 한국의 삼성이 아니다. 스티브 잡스 사망 이후 아이폰의 성장률은 정체하고 있다. 쿡이 스티브 잡스의 자리를 대체해 나간다는 것은 생각대로 역량부족이었다. 이재용 회장은 이번 위기를 제대로 넘길 수 있다면 전 세계 속의 삼성으로 굳건하게 자리를 잡게 할 수 있을 것이다. 삼성이 그러기를 대다수 국민들은 기대하고 있다.

위대한 기업은 진실된 변화와 혁신에서 이루어진다. 그렇게 되면 4차 혁명이든 5차 혁명이든, 어떤 파고가 닥쳐온다 하더라도 혹은 쓰나미가 닥쳐와도 그것을 타고 넘을 수 있는 기업이 될 수 있을 것이다.

구글의 배신

 안데스 산맥의 케이블카, 아마존 강의 배, 그리고 북극의 눈썰매에서도 구글카메라는 동선을 포착하고 있다. 사막 한가운데를 걸어가는 낙타의 등이라고 예외는 아니다. 디지털지도를 작성하기 위해서 전 세계 오지에도 카메라를 들이대고 지도를 만들고 있다.
 '무슨 생각해?' 구글의 텅 빈 첫 화면의 빈 사각 입력창을 마주하면 우리는 한없이 솔직해진다. 어떤 친구에게도 내놓을 수 없는 문제를 털어놓기도 한다.
 은밀하고 궁금한 고민과 고백을 검색창에 입력한다. 구글은 이 모든 검색어를 데이터베이스에 빠짐없이 저장하고 있다. 세계인의 집단 자아저장소가 되고 있는 것이다. 구글은 믿어도 되는 친구일까.

구글이 한 번 움직이면 전 세계가 진동할 정도로 구글은 미래 세계를 만들어내는 거대한 체제가 되어가고 있다. 어떤 텍스트가 읽힐지 결정하기도 하고, 얼마나 빨리 검색될지도 그들이 결정한다. 기업의 생존을 한손에 틀어쥐고 있는 그들은 검색을 바탕으로 인공지능, 빅데이터, 자율주행차 등 모든 산업을 주도해 나가고 있다.

현재 구글만큼 돈과 기술, 권력 정보가 집중된 기업은 거의 없다. 하지만 그 구글이 돈을 위해서라면 개인의 은밀한 사생활 정보까지 수집하는 정보거머리가 되어가는 것은 실망감을 넘어 충격적이다. 최근 벌어진 일련의 사태는 구글에 대한 신뢰를 더욱 떨어뜨리고 있다. 배신감마저 느끼게 한다.

구글이 사용자가 위치 서비스를 의식적으로 끈 이후에도 비밀리에 위치 데이터를 전송했다는 사실이 IT매체 퀴츠에 의해 폭로됐다. 구글의 운영 체제 안드로이드 폰에서 사용자가 위치 서비스를 끄고 SIM 카드를 빼놓았지만 사용자의 위치 데이터가 그대로 전송되었다는 것이다. 구글은 메시지 전송 속도와 성능을 개선하는 과정에서 벌어진 일이라고 밝혔지만 잠재적 보안 위험을 유발하는 기능을 의도적으로 설치한 명백한 사실은 변명의 여지가 없다. 이는 소비자의 등에 칼을 꽂는 행위와 다를 게 없다.

또 아이폰 웹브라우저에 불법으로 쿠키를 심어 540만 명 이상의 개인정보 등을 무단 수집했다는 이유로 영국의 소비자 단체와 송사 중이다. 2011년 한국에서도 '스트리트 뷰'를 만들며 시민 수십만 명의 통신정보를 무단 수집해놓고 발뺌하기도 했다. 한국은 세계 최고의 인터넷 보급률, 스마트폰 보급률을 자랑하고 있다. 안드로이드 기반 스마트폰은 한국 스마트폰 시장의 80%를 차지한다. 구글에 한국은 요리하기 쉬운 황금시장이다.

지난해에는 구글 딥마인드의 알파고와 이세돌의 대국을 한국에서 개최해 전 세계 이목을 집중시키고 구글은 천문학적인 경제효과를 얻었다.

구글은 한국을 생태계 확장의 테스트 베드로 제대로 활용하고 있지만 우리는 어떤 혜택도 보지 못하고 있다. 말로 떠드는 구글의 한국으로의 생태계 확장은 실제로 우리에게 공수표를 던져준 듯한 느낌마저 든다. 국내 스타트업에 그다지 큰 도움을 준 것도 없고 투자는 전무한 상태다.

구글은 지난해 국토지리원이 10여 년간 만든 수조 원의 가치를 지닌 5,000분의 1 지도를 반출해 가려 했다. 모바일 환경에서 위치 기반시스템(GPS)과 지도가 결합한 데이터는 일종의 금맥이다. 구글은 오히려 반출되지 않을 경우 한국이 글로벌화는 물론 여러 측면에서 불리하게 될 것이라는 어처구니없는 논리를 내세우기도 했다. 치졸의 극치는 한국에서 세금 문제다.

아이지에이웍스 모바일인덱스에 따르면 구글이 올해 국내에서 구글플레이를 통해 지난 10월까지 올린 매출만 3조 원에 달할 것으로 전망되고 있다. 수

수료를 30%라고 할 경우 수익만 1조 원에 달한다. 하지만 세금은 한국에 한 푼도 내지 않는다. 한국에서 발생한 구글 앱마켓 수수료는 싱가포르의 구글아시아퍼시픽으로 매출이 잡히도록 해놓았다. 구글의 이런 행동을 보면 범죄자들의 조세회피 방법을 보는 듯한 느낌마저 든다.

한국에서 수익을 올리면서 한국 법망을 피해 가려는 건 도리가 아니다. 개인의 자유와 사생활 보호에 대한 권리나 한국법을 무시한 채, 세계를 바꾸겠다는 것은 도대체 어떤 발상에서 비롯됐을까. 우리는 구글의 행동들을 목도하면서 구글에 대한 신뢰를 적지 않게 잃었다. 구글이 지금 이 순간 어디서 또 다른 일을 벌이는지 의심할 수밖에 없다. 스마트폰에서 구글 사이트에서 그리고 구글 위치추적 서비스에서 그들이 무얼하고 있는지.

구글이 문제를 진지하게 받아들일지는 모르겠다. 이제 구글은 흔히 하는 말로 구글신이 되어가고 있다. 우리는 통제력을 상실하고 있고, 계속되는 세계

각국 법원들의 벌금 처분을 받아도 그들은 아랑곳하지 않고 자신들의 길을 가고 있다. 어쨌든 구글이 세계를 작동시키는 시스템들을 계속 추구해나가고 있고, 우리에게 새로운 신화를 선보인 것은 사실이다. 그들은 마술 같은 힘으로 지구 전체를 가르며 우뚝 서 있다.

그리고 구글이 드리운 그림자는 우리가 생각하는 것보다 훨씬 더 거대해지고 있다. 구글은 우리에게 거대한 영향력을 미치고 있지만, 한편으로는 슬프게도 어두운 그림자도 짙어간다. 지금이라도 구글은 기술과 알고리즘과 데이터들이 상식과 진실을 향한 쪽으로 방향을 바꾸도록 키를 돌려보지 않겠는가.

인공지능 시대의 구글과 소니

영화 〈제5원소〉는 200년 후 고층 빌딩이 즐비한 미국 뉴욕이 배경이다. 영화 속에서 브루스 윌리스는 하늘을 나는 택시를 몰고 경찰과 추격전을 펼친다.

하늘을 나는 자동차가 줄지어 빌딩 사이를 유영하는 모습이 그리 낯설지 않은 이유는 무엇일까. 자동차가 운전자 없이 이처럼 질서정연하게 움직일 수 있는 것은 모두 '지능형 교통 시스템' 덕분이다. 물론 자동차에는 교통상황과 장애물을 인식할 수 있는 고성능 센서가 탑재 돼 있다.

지난 5월 카네기멜런대학의 연구원들은 '복합 센

서'라고도 불리는 '슈퍼센서' 기술을 발표했다. 연구원들은 비즈니스 환경에서 주로 사용되는 작은 센서들이 들어있는 디바이스를 개발했다. 슈퍼센서는 네트워크에 연결돼 여러 용도의 센서로 활용될 수 있다. 소리와 진동, 빛, 전자기 활동, 온도 등을 감지할 수 있다.

게다가 복합센서는 사람처럼 냄새를 맡지도 못하고, 촉각을 느끼지도 못하는 AI가 냄새나 촉각을 느끼도록 해 주기도 한다. 흥미로운 것은 복합 센서 기술의 소유권이 일부 구글에 귀속된다는 것이다. 구글이 대부분의 연구비를 지원하는 대신 향후 기술에 대한 적지 않은 권리를 소유하게 될 것이기 때문이다.

이번 슈퍼센서 개발의 의미는 한편으로는 향후 4차 산업혁명의 주도권을 쥐고 나아가려는 구글의 개가이기도 하다. 센서는 사물인터넷이 부상하면서 촉망받는 분야였다. 사실 이미 우리 삶 속에 파고든지 오래고, 보이지 않지만 공기처럼 일상 속에서 흘러다녔다. 홍채, 손목 정맥, 음성 그리고 안면인식까지 신원을 확인시켜주는 생체인증에도 센서는 활약하고 있었다. 4차 산업을 이끄는 로봇이나 드론도 센서에 의해 움직인다.

센서 없는 로봇은 무용지물이다. 로봇에 장착되는 센서는 시각, 청각, 후각 등 오감에 의해 물질이나 외부 상태 변화를 알아차리는 인간의 오감 같은 역할을 하기 때문이다. 드론도 GPS 등의 위치 측정 센서에 의해 목표지점으로 날아간다.

벼랑 끝에서 몰락하던 소니가 재기에 성공한 것도 센서 덕분이었다. 그들은 인공지능 시대의 자율주행차에 집중했다. 자율주행차 한 대에 수백 개의 센서가 탑재된 후에야 비로소 완벽한 무인차가 된다는 사실을 그들은 알고 있었다.

센서는 자율주행차의 가장 중요한 기술이라고 해도 과언이 아니다. 사람의 표정 등 피사체의 움직임을 감지해 촬영할 수 있도록 하는 애플 아이폰에 탑재돼 있는 '이미지 센서'가 소니 것이라는 사실을 알고 있는 사람은 그리 많지 않다. 미소를 지으면 자동으로 사진을 촬영하도록 하는 것이 이미지 센서 기술이다.

소니는 2년 전 증시에서 공모로 조달한 5조 원 대부분을 이미지 센서에 투자했다. 투자는 성공적이었고 그 분야에서는 세계 제일을 자랑하고 있다. 우리는 제대로 된 센서 기술을 갖춘 업체를 찾아보기 힘든 실정인데 말이다. 벼랑 끝에 선 소니는 절망적인 상황에서도 IT 흐름을 읽고 있었고, 급소를 공략해 재기에 성공했다. 지금까지 태블릿, 휴대폰을 사용할 때 우리는 직접 정보를 찾기 위해 노력해야만 했다.

하지만 웨어러블 기술이 발전할수록 손쉽게 정보를 확인할 수 있다. 단순히 편리하다는 이야기가 아니다. 정보 습득을 위해 별다른 행동을 취하지 않아도 된다는 이야기다. 이는 정보에 대한 관점 자체를 변화시킬 수 있는 문제다.

인간과 사물과의 정보나 데이터를 주고받는 형태가 변화하듯, 사물과 사물간의 커뮤니케이션은 결국 센서에 의해 마침표를 찍는다.

20년 전 테헤란 밸리에서 IT신화를 완성하던 한국 IT기업들의 기개는 어디에 갔는가. 구글과 애플, 아마존은 물론 이스라엘, 인도 하다못해 중국의 IT기업들은 창조와 혁신을 통해 무서운 속도로 달리고 있다. 우리는 지난 4년간 창조경제라는 허울에 썰 채 시간을 낭비했다. 트럼프는 이제 곧 IT분야에 대해서까지 우리를 압박하고 대미협상을 다시 하자고 할 것이다. 구글은 우리의 시장을 잡아먹을 것이고 클라우드 시장 역시 미국의 내로라하는 IT기업들에 빼앗긴다면 한국 IT의 미래는 어두워진다.

 우리는 소니에서 부활의 씨앗을 확인할 수 있었다. 끝날 때까지 끝난 게 아니라는 것도 확인했다. 마지막 불씨만 남아있으면 언제라도 재기가 가능하다는 사실도 알게 됐다.

 큰 그림을 그릴 줄 알아야 한다. 시대의 변화와 흐름을 읽을 줄 알아야 한다. 더 이상 최고의 인터넷 인프라를 자랑하거나 삼성의 갤럭시 스마트폰을 자랑하는데 머물러 있어서는 안 된다. 소니 같은 기업들처럼 틈새 속에서 새로운 기업동력을 찾아 나서야 한다. 센서 제국이라는 말이 과장이 아닐 정도로 시장의 50%를 장악하고 있는 일본, 이에 대응하기 위해 카네기멜런대학 연구팀을 동원해 슈퍼 센서를 개발한 구글, 한국을 둘러싼 IT환경과 기술들은 무서운 속도로 변하고 있다.

현실은 초라하다. 우리는 소니로부터 '이미지 센서' 그 자체보다, 사물에 대한 호기심과 탐구에 대한 열정을 배워야 할 것이다. 우리의 IT산업도 언제 벼랑 끝의 소니처럼 될 지 알 수 없다. 그리고 지금의 소니처럼 20년 만에 영업이익 5조 원이라 는 최대 실적을 올리며 재기에 성공할 수 있을지 누구도 장담할 수 없다.

세계 위에 군림하는 구글 제국

구글은 얼마 전 영국에 2,000여억 원의 구글세를 냈다. 구글은 유럽 검색시장의 90% 이상을 점유하고 있다. 하지만 구글은 2018년 5조 원대(추정) 매출에 고작 200억 원 안팎의 세금을 냈다.

2015년 영국에 내는 구글세(3800억 원)는 밀린 세금까지 포함된 것이다. 영국은 보다 못해 해외 이전 소득에 세금을 물리는 우회 이익세법을 추진했고, 언론들이 '구글세'라는 이름을 붙였다. 프랑스 역시 구글로부터 탈루한 세금 6,100여억 원을 받기 위해 협상을 진행 중인 것으로 알려졌다. 그 와중에 구글은 우리나라 데이터지도 반출을 시도하고 있다.

구글의 데이터 전력소비량은 솔트레이크시티 전력량과 비슷하고, 구글이 인덱스와 지도 서비스를 위해 사용하고 있는 컴퓨터만 8년 전에 이미 100만 대에 달하는 것으로 알려졌다. 한때 실리콘밸리의 스타트업 전문가들은 또 다른 구글이 등장할 것이라고 주장했다. 디지털경제가 개방적이고 경쟁적이어서 실리콘밸리가 주장하고 있는 파괴의 운명을 맞게 될 것으로 믿었다. 구글도 소니나 IBM, 노쇠한 MS처럼 될 것이라고 믿었다.

큰 착각이었다. 실리콘밸리의 벤처들은 더 이상 새로운 구글이나 애플이 되는 게 목표가 아니다. 그들의 목표는 구글에 얼마에 팔릴 것인가이다. 이는 구글이 가지고 있는 독특한 시스템 때문이다. 그들은 전 세계의 정보를 수집하고 있고, 일부는 독점하고 있다. 그 정보를 통해 실력 있고 가능성 있는 스타트업들을 쇼핑하듯 사들인다. MS가 검색서비스 BING에 뛰어들었다가 30여억 원의 손해를 보고 있으며,

유럽정부도 구글에 대항한 유럽형 검색엔진을 만들었지만 2년여 만에 손을 들었다. 더 이상 초창기 벤처 생태계는 사라진 지 오래다. 구글만이 실리콘밸리라는 강물에서 거대한 그물로 대어들을 모두 잡아가는 벤처 생태계가 새로운 풍경으로 자리잡았기 때문이다.

개인의 비밀을 구글보다 잘 알고 있는 사람이나 장치는 없다. 가족이나 친구보다도 구글은 우리에 대해 더 많은 것을 알고 있다. 은밀한 비밀이나 생각까지.

왜 그럴까? 구글 검색창에 우리가 입력하고 있는 검색어 때문이다. 친한 친구 앞에서도 말할 수 없는 것을 구글 앞에서는 솔직하게 입력한다. 내가 어떤 생각을 하고 있는지, 무엇을 하려고 하는지, 성적 취향이 어떤지까지 구글은 파악하고 있다. 한 달 평균 100억 개 이상의 질문이 구글 검색창에 입력된다. 우려하는 것은 구글에서 끊임없이 축적하고 있는 이용자의 검색어나 위치정보 같은 사소한 정보들이 행여나 판매 될 수도 있다는 사실이다. 개인정보 유출이나 해킹 등을 통해서도 가능한 이야기다. 따라서 구글은 자신들이 수집한 정보를 어떻게 처리하고 사용하는지 보다 솔직하게 공개해야 한다. 물론 정보를 수집하고 조직하는 일은 나쁠 것이 없다. 다만 그 정보를 어떤 목적으로 사용하고 있는지가 중요하다.

구글의 국내 스마트폰 운영체제(OS) 점유율은 대략 80%에 달한다. 이는 우리 국민의 수천만 개 스마트폰에서 막대한 양의 실시간 개인 데이터가 구글의 해외서버로 넘어간다는 것을 뜻한다. 모바일 환경에서 위치기반시스템(GPS)과 지도가 결합한 데이터는 개인정보 활용에 있어 일종의 '금광'과 다를 바 없다. 구글이 국내 지도를 반출하게 된다면, 사용자들의 실시간 위치정보를 구글 지도에 결합, 막대한 수익창출에 활용할 것이다.

구글의 우리 국민에 대한 개인 정보 수집과 유출은 심각하고 중요한 문제다. 구글카메라는 아마존강 한가운데 떠 있는 배 안에서, 북극의 아주 작은 섬에서, 사막을 외롭게 건너는 낙타의 등에서도 정보를 수집하고 있다. 그러다가 한국에서 일이 벌어졌다. 구글코리아는 2009년경 스트리트뷰 차량으로 80만 명의 불특정 무선인터넷 이용자의 통신 내용과 위치정보 등을 무단 수집·저장했다. 검찰은 구글코리아에 대한 압수수색을 진행했다. 검찰은 구글 본사 직원에게 소환을 요청했지만 구글은 응하지 않았다. 구글은 이처럼 국내 이용자들의 개인정보를 침해하고도 별다른 책임도 지지 않았다. 구글이 서버가 해외에 있어 국내법을 준수할 의무가 없기 때문이라는 이유에서였다. 우리가 준비 없이 지도반출을 할 경우 구글은 이 같은 행동을 반복할 것이다.

필자는 구글의 창업자 래리 페이지의 "우리는 가능성에 겨우 1%밖에 도달하지 못했다"라는 자신 있는 주장을 지지한다. 구글이 그동안 이룩한 뛰어난 정보혁명과 인공지능, 자율주행차, 드론 등 4차 산업에 기대를 걸고 있다. 구글은 우리의 미래가 될 것이고, 기술로 세상을 바꾸는 혁신과 창조의 리더가 될 것을 믿어 의심치 않는다. 다만 정의로운 세상, 정보를 공유하자는 모토로 디지털 혁명을 견인하고 있는 구글이 세금 따위를 회피하기 위해 편법이나 꼼수를 더 이상 쓰지 않는다는 전제하에서다.

구글은 전통과 관행, 그리고 기존시스템을 깨고 세계를 장악하고 있다. 우리는 이번 기회를 통해 구글에 대해 제대로 인식해야 한다.

구글은 자선사업체가 아니다. 수익을 추구하는 기업이다. 구글이 원칙과 상식선에서 혁신을 통해 위대한 IT제국을 만들기를 기대한다.

아마존 디지털 블랙아웃의 문제

 지난봄 아마존에서 개최한 'AWS(아마존 웹서비스) 서밋 서울' 컨퍼런스에 참석했다. 아마존 최고 기술책임자(CTO)인 버너 보겔스는 컨퍼런스 무대를 누비며 전 세계를 장악하고 있는 아마존 클라우드 서비스에 대해 이야기하고 있었다. 아마존이 클라우드 혁명을 어떻게 이끌어나갈 것인지, LG 등 한국의 대기업이 아마존의 서비스를 사용하고 있다느니, 한국과 세계 시장의 점유율이 1등이니 하면서….

 그는 땀을 닦으며 열정적으로 아마존 서비스의 능력을 확신하고 있는 듯했다. 개인적으로도 '이제 아마존이 한국 클라우드 시장의 대부분을 장악하게 될 날이 멀지 않았구나' 하는 생각이 들 정도였다. 그런데 아마존 클라우드는 안전지대일까. 일상에서 네이버나 카카오톡, 쇼핑몰 등이 24시간 기능을 멈춘다면 어떤 일이 벌어질까. 그로 인한 경제적 손실과 혼란은 얼마나 될까.

며칠 전 아마존 웹서비스(AWS)를 사용하는 쿠팡과 넥슨을 비롯한 기업들이 2시간 동안 불통되는 사태가 벌어졌다. 일종의 디지털 블랙아웃이었다. 이번이 처음은 아니다. 지난해 3월 아마존 웹서비스의 미국 버지니아 주 데이터 센터에서 장애가 발생하면서 세계 인터넷 서버의 3분의 1가량이 먹통이 되는 일이 벌어졌다.

컨퍼런스 당시 디지털 혁명을 완성시키겠다던 아마존 최고기술책임자를 떠올렸다. 그는 "혁신을 핑계로 보안을 놓칠 수 없다"고 강조해 왔다. 그런데 아마존 웹서비스는 2시간여 동안이나 불통됐고 아마존 쪽의 대처 능력도 한심했다. 먹통인 2시간 동안 아마존은 이번 사태의 원인에 대해 '내부 디엔에스(DNS: Domain Name System) 변환 실패'라고 공지했다. 그뿐이었다. 그 외의 자세한 브리핑은 없었다.

이번 사태로 아마존 클라우드 서비스가 더 이상 만능이 아니라는 사실이 입증됐다. 아마존의 신뢰가 한국에서 큰 타격을 입게 된 것이다. 아마존은 그동안 클라우드 서비스를 과신하도록 광고했지만, 재난은 언제 어디서나 벌어질 수 있고 누구도 피해가지 않는다. 아마존이 클라우드 시장을 장악한 상황에서 만일 일시적 서비스 장애를 넘어선다면 상황은 더 심각해질 수도 있다. 국가 안보나 의료기관 등으로까지 피해 범위가 확대될 경우에는 통제가 불가능하다.

정부는 KT화재 사건 이후 재난 태스크포스팀(TFT)을 만든다고 했다. 뭔가 급조된 느낌이다. KT화재도 중요하지만 아마존 문제는 더 심각하다. 우리 정부가 좌지우지할 수 없는 아마존에 다시 이러한 사태가 발생한다면 어떻게 개입할 수 있을까. 생각만 해도 끔찍하다. 정보기술(IT) 인프라는 대재앙의 파국을 일으킬 수 있는 계획적인 공격이나 사소한 시스템 오류에 큰 취약점을 지니고 있다.

이는 국가 경제나 사회 기반 시스템에 혼란을 야기하고, 존립 기반까지 위협할 수 있다. 교통, 의료, 금융, 항공, 미사일, 핵 관제시스템, 심지어 우주정거장까지 컴퓨터 시스템으로 관리되고, 네트워크로 치밀하게 연결돼 있는 것이 우리 사회다. 4차 산업혁명 시대 재난과는 거리가 먼 항시 운영체제로 알고 있던 클라우드도 한순간에 멈출 수 있다는 사실을 인식할 수 있게 됐다. 디지털 시대의 구멍은 언제나 존재한다는 사실을 알려준 것이다.

해킹이나 시스템 오류를 피했던 운영체제나 기술은 없었다. 4차 산업혁명도 결국 '해킹이나 시스템 오류가 가능하다'는 위험한 논제를 안고 있다. 지나친 과신은 화를 불러일으킬 수 있다. 4차 산업혁명 시대가 한순간에 아비규환이 될 수도 있다. 네트워크는 점점 복잡해지고 더욱 불안정해지고 있다. 게다가 모든 시스템은 안전에 대한 확신을 주지 못하고 있다. 폭발적인 접속량과 사이버 공격, 임시 기술패치 등을 네트워크가 처리하기에 버거운 순간이 다가올지도 모른다.

이처럼 4차 산업혁명의 뒤에는 장밋빛 미래만 있는 게 아니다. 그 이면에는 알지 못하고 생각조차 않던 일들이 고스란히 존재한다. 언젠가 우리 앞에 무서운 실체를 드러낼 수 있다. 게다가 우리가 그것을 주도하지 못하고 남의 손에 맡긴 채 넋을 놓고 바라봐야만 한다면.

전 세계를 작동시키는 시스템, 구글

 '포켓몬 고(GO)' 게임 열풍으로 우리 정부와 구글 간 지도 논쟁이 수면 위로 떠오르고 있다. 개발사가 전 세계의 지도를 마름모꼴로 구획하고, 한국을 서비스 제외지역으로 설정하는 과정에서 속초 등이 이 구역에서 빠져버렸기 때문이다.

 구글은 다른 나라들과 달리 유독 한국만 지도 반출에 비협조적이라고 주장하고 있다. 정부는 보안 처리된 지도 데이터를 반출할 테니, 위성영상에 보안처리를 해줄 것을 요청하고 있다. 구글은 그럴 수 없다는 입장이다. 보안처리란 대상물을 지우거나 위장하는 것이다.

구글은 이 문제와 관련, 10여 년의 논쟁에서 다른 방법을 찾을 수도 있었다. 중국과 러시아에서 보여준 선택이다. 두 강대국에 서버를 두고 길찾기 등 각종 지도서비스를 제공하는 것처럼 한국에도 서버를 두는 방법이다.

하지만 구글은 이 방법을 한국에 대해서는 고려하지 않고 있는 것 같다. 구글은 한국에서 1조 원 이상의 매출을 올리면서도 한 푼의 법인세도 내지 않고 있다. 서버를 두면 한국의 간섭이나 규제를 받게 되거나 세금을 내야 하기 때문에 이를 회피하고 있는 것이다.

이 상황에서 구글은 경악할 만한 조언을 한다. 만일 한국의 의지대로 하겠다면, 이스라엘의 수순을 밟으라는 것이다. 이스라엘은 유일하게 구글이 보안 처리된 지도와 위성영상 서비스를 하도록 만들었다. 이는 1996년 미국에서 제정된 법 때문이다. 전 세계 부와 권력을 쥐고 있는 유대인들이 법 제정의 배후라는 것은 굳이 언급할 필요가 없을 것이다.

중국은 베이징올림픽을 유치하게 되자, 구글에 지도 데이터를 잠시 넘겼다. 하지만 폐막 후 다시 구글 접속을 아예 막아버렸다. 구글은 이처럼 극단적인 방법을 취하고 있는 중국의 요청이나 요구에는 늘 저자세로 일관하는 이중적 태도를 보여주고 있다.

정부는 지금 국가를 능가하는 유사국가의 권력을 가진 구글과 협상 중이다. 그러나 쉬운 문제가 아니다. 구글에 지도 데이터를 반출시켜 전 세계의 표준에 합류하고, 관광편익 등 글로벌 편익서비스에 참여하는 것도 중요하다. 하지만 그 이면에 감수해야 할 문제도 많을 것이다.

특히 구글이 만든 지도 데이터를 통해 무인자동차 등 관련 산업 스타트업들이 새로운 기회를 얻게 될 수도 있다.

'포켓몬 고' 같은 게임을 하러 속초에 힘들게 가지 않아도 될 것이다. 하지만 군사적 대치상황에서 국가안보와 보안을 쉽게 양보할 수 있는 입장이 아니다.

10년 전 이라크 전에서 바스라에 주둔한 영국군은 반란군들로부터 지속적으로 박격포 공격을 받았다. 적지 않은 병사들이 사망하고 피해가 발생하자 반란군 색출에 나섰는데, 은신처에서 구글 지도서비스에서 출력한 자료를 발견했다. 자료에는 영국군의 천막, 화장실까지 확연하게 나왔다.

대승적 차원에서 구글에 지도를 반출하는 것을 긍정적으로 생각해 볼 수 있지만, 중국과 러시아를 대하는 구글의 태도를 감안할 때 괘씸한 게 사실이다. 속된 말로 혹시 한국을 글로벌 호구로 생각하는 것은 아닐까.

구글은 세계의 정보를 조직화해 모든 사람이 접근해 사용하도록 하는 것이라고 주장한다. 자신들이 하는 일은 인류 발전과 평등을 위한 것이라는 의미다. 하지만 그들은 자선단체가 아니다. 영리를 추구하는 사기업이다. 그들의 주장은 절반만 믿기로 하자. 게다가 현재 그들의 행보는 '빅브라더'를 연상케 하고 있다.

구글이 무인자동차를 개발한다고 발표했을 때, 자동차업계는 코웃음을 쳤다. 하지만 그것은 현실이 됐다. 이때 BMW, 아우디, 다임러 그룹 등은 자동차 컨소시엄을 만들어 차량 내비게이션 시장의 80%를 장악한 히어(Here)라는 지도회사를 인수했다. 구글의 독점과 횡포를 우려해서다.

하지만 20년도 되지 않은 기업, 구글은 우리 생활에 너무 깊숙이 침투해 있다. 탐욕스러운 '정보 거머리'가 되어버린 구글은 어쩌면 '빅브라더'보다 더 큰 존재가 될 수 있다는 말이 괜히 나오는 게 아니다. 그들은 머지않아 전 세계의 모든 정보를 수집·관리하게 될 것이다. 또 초연결사회 가전제품을 연결하고 전 세계를 작동시키는 시스템도 추구하고 있다.

전 세계를 작동시키는 시스템, 그것은 우리의 삶을 통제하게 될 것이다. SF영화에서 기업이 전 세계를 지배하는 미래를 구글은 현실화하고 있다. 구글을 이해하지 못하면 미래를 이해할 수 없게 될 것이라고 미래학자들은 입을 모은다.

구글은 전통과 관행, 기존 시스템을 깨고 세계를 장악하고 있다. 우리는 이번 지도 논쟁을 통해 구글이라는 기업을 냉정한 시각에서 정확하게 인식하는 기회로 삼아야 할 것이다. 그것이 지도 반출보다 더 중요하기 때문이다.

구글 비밀 프로젝트의 진실

구글이 어쩌다 이 지경이 되었을까. 처음 구글의 비밀 프로젝트 '드래곤플라이(Dragonfly, 잠자리)'를 접하면서 들었던 생각이었다. 드래곤플라이는 중국 정부가 제한하는 웹사이트와 검색 결과를 차단하는 검색엔진 개발 비밀 프로젝트 명칭. 구글 수뇌부는 초기 탐색 차원이 출시를 앞둔 것도 아니라며 불씨를 끄려 애썼다.

구글이 승자독식 레이스에 흠뻑 빠져 수익만 발생한다면 도덕과 윤리적인 선을 언제든지 넘을 수 있다는 비즈니스 원칙을 보여주는 참담한 사례다. 의도했는지 모르지만 '드래곤플라이' 비밀프로젝트가 공개돼 여론의 뭇매를 맞고 있는 시점에 트럼프는 구글에 일격을 가했다. 트위터를 통해 구글을 손 봐주겠다고 선언한 것이다.

트럼프는 가짜뉴스와 좌파편향 보도를 문제 삼았다. 물론 트럼프의 주장을 곧이곧대로 믿는 건 아니다. 중국을 적대시하는 트럼프에게 중국 정부는 무릎 꿇고 검열검색엔진을 출시하려는 구글의 비도덕성은 아주 적절한 이슈거리가 되었을지 모르겠다. 인터넷에서 사용자가 정체된 상황에서 중국이라는 돌파구를 찾겠다는 구글의 전략도 이해한다. 하지만 인터넷과 온라인 민주주의의 상징이기도 한 구글이 그 같은 비밀 프로젝트를 통해 중국시장에 재진출하려 한다는 소식은 충격적이다.

인권, 민주주의, 종교 등에 대한 웹사이트와 검색어 차단기능을 갖춘 검색엔진을 중국 정부의 요구에 부응, 개발 중이라는 것은 '사악해지지 말자'는 모토가 아무리 지나간 옛이야기에 불과하더라도 넘지 말아야 할 선을 넘은 것이다.

결국 직원들의 반대가 이어졌고 구글 CEO 순다 피차이는 "중국에서의 검색엔진 출시에 대해 확정된 것이 아무것도 없다"고 밝혔다. 하지만 상황은 유동적이다. 얼마 전에는 구글의 인공지능(AI) 기술이 살인 무기로 활용될 수 있다는 직원들의 우려와 반발로 국방부와 연구개발 계약이 중단되기도 했다.

구글은 AI가 국제규범이나 인간의 권리를 침해하지 않도록 하겠다는 내용의 윤리 가이드라인을 내놓았다. 하지만 구체적으로 누가 구글을 감시할 것인지에 대한 명시조차 없어 양심적인 구글 직원들에게 맡기는 것 외에는 다른 대안이 없는 형편이다. 국방부와의 계약 연장은 중단했지만 구글이 지금 어디에서 살인무기로 활용 가능한 AI 로봇을 개발하고 있는지는 누구도 알 수 없다. 비밀주의 구글이 지금 어디에서 얼마나 엄청난 일들을 벌이고 있는지도, 윌리엄 깁슨이 소설 〈뉴로맨서〉에서 재현한, 전 세계를 지배하는 재벌 테시어-애시풀사가 우주에 건설한 인간

거주지 프리사이드.

그곳은 구글의 비밀연구소가 추구하는 첨단기술이나 유전 공학 등의 모태가 되지 않았나 할 정도로 서로 닮았다. 육체적 한계 극복과 불멸을 추구하는 욕망을 가장 극명하게 드러내고 있는 재벌가문은 냉동보존 장비 등 유전공학을 통해 인간불멸을 추구한다. 구글이 비밀연구소에서 진행 중인 생명 연장 프로젝트나 우주 엘리베이터 추진 등이 그것이다. 실리콘밸리의 분석가들은 "구글이 정부의 합법적 통제를 벗어나 자신들이 옳다고 믿는 것이면 무엇이든 하는 국가 밖의 국가, 즉 초국가적 기관이 되었다"면서 무슬림 국가의 테러조직에 비유하기도 했다.

기술이 비이성적이고 비윤리적으로 사용될 수 있다는 이야기다. 첨단기술의 발달로 인간의 삶은 보다 윤택해지고 편리해졌다. 하지만 첨단기술이 만드는 도구가 어떻게 비이성적으로 사용될지 그에 대한 도덕적 윤리적 책임 등에 대해 간과했다. 어떤 것도 보장되지 않은 불확실한 미래에 첨단기술은 모든 것을 지배하는 거대한 권력이 될 것이다.

  그것은 인간에게 가장 큰 위협이 될 수 있다. 우리는 이번 구글의 '드래곤플라이' 비밀 프로젝트를 지켜보면서 기술이 돈과 사악한 권력의 지배를 받는다면 무기로 변할 수 있다는 사실을 인지하게 됐다. 구글에 사악한 손이 개입하면 비밀스러운 알고리즘을 통해 정보와 미디어를 통제하고, 검색 결과의 순위를 임의로 정할 수도 있다.

  또한 보이지 않는 곳에서 인간을 살상할 수 있는 인공지능 로봇이 양산될 수도 있다. 기술의 냉혹한 칼날을 어떻게 지혜롭고 현명하게 겨눌지에 대한 논의가 절실하다.

쪼갤 수도 볼 수도 없는 '컴퓨터 바이러스'

 한 국회의원은 랜섬웨어의 인질이 된 컴퓨터를 보고, 사색이 됐다. 기밀파일을 더 이상 열어볼 수 없게 됐기 때문이다. 결혼 9년 만에 시험관을 통해 딸을 가진 부부는 컴퓨터에 나타난 "모든 파일을 Crypt 0L0cker 바이러스로 코딩했습니다. 파일 복원 지불하시려면 여기를 클릭하십시오"라는 랜섬웨어 알림글을 확인하고 어쩔줄 몰라하고 있다. 태어나서 7세까지 병원, 집, 여행지 등에서 부부와 함께 찍은 모든 사진을 잃게 될 판이다.

 메인 컴퓨터가 랜섬웨어에 감염된 한 영세공장은

모든 기계들의 작동이 멈추었다. 사장은 900만 원을 비트코인으로 지불해야 복구시켜 준다는 랜섬웨어의 협박 문구를 읽고 주저앉아 버렸다.

랜섬웨어는 사용자의 컴퓨터에 침투해 각종 파일들을 암호화시켜 사용하지 못하도록 한 후, 돈을 요구하는 바이러스이다. 말 그대로 파일 등을 볼모로 잡고 비트코인을 요구한다.

랜섬웨어 침해대응 센터에는 하루 50건 이상 문의가 온다고 한다. 2015년 4월 랜섬웨어 한글판이 상륙한 이래 현재 총 2,000여 건에 달하는데 이중 1,600여 건이 10월, 11월에 집중돼 있다. 이전까지 한 달에 100건도 안되던 것과 비교하면 폭발적 증가 추세다. 해커가 감염피해자들로부터 돈을 받아내는 과정이 일사천리로 이루어지고 있고, 비트코인으로 돈을 받아 추적이 쉽지 않다는 것이 최근 확산의 가장 큰 이유다.

랜섬웨어 침해대응 센터는 현재까지 랜섬웨어로 인한 피해규모가 총 10만여 건에 달할 것으로 추정하고 있다. 미국 FBI는 돈을 지불하는 것도 하나의 해결책이 될 수 있다고 말한다. 하지만 사이버수사대 등에서는 돈을 절대로 지불하지 말라고 충고한다. 때로는 같은 회사 컴퓨터에 최고 3차례까지 랜섬웨어를 감염시켜, 고스란히 3번의 몸값을 받아간 악질들도 있기 때문이다.

IS가 파리에서 테러를 저지르고 전 세계를 위협하고 있는 즈음에 사이버 범죄자들은 인터넷에서 랜섬웨어로 파일 등을 볼모로 잡고 돈을 요구한다. 사이버 데자뷰일까.

랜섬웨어로부터 자유롭기 위해서는 PC 외부 공간에 실시간으로 백업해 두는 것이다. 현재로서는 랜섬웨어에 대항할 수 있는 뚜렷한 백신이 없는 것으로 알려졌다. 따라서 발신자 불명의 e메일, 메시지, SNS 등의 첨부파일은 열지 말고, 보안이 취약한 웹사이트는 클릭하지 말도록 하는 기존 최소한의 보안규칙을 준수하도록 하고 있다.

유명 백신업체 카스퍼스키에 따르면 크립토라커

를 활용한 범죄조직은 단 100일 만에 300억 원의 수익을 올렸고, 랜섬웨어의 변종인 '크립토월'을 통해 3,300억 원의 수입을 챙겼다. 예브게니 보가체프라는 해커는 랜섬웨어를 통해 2,500여억 원을 챙겨 FBI 수배를 받고 있지만, 그의 행방은 여전히 오리무중이다.

생물학적인 독감 바이러스는 한때 5,000만 명의 생명을 앗아갔다. 물리학적인 컴퓨터 바이러스는 1985년 첫 선을 보인 이래 큰 위력을 발휘하지 못하는 것처럼 보였다. 하지만 지금 상황을 보면 위협이나 파괴력면에서는 그에 못지않다.

21세기 이전까지만 하더라도 우리는 주로 생물학적 바이러스에만 집착했다. 하지만 인터넷 세상이 되고 컴퓨터가 네트워크로 연결되면서 달라졌다. 해커들은 필요한 시스템에 들어가 바이러스를 심었고, 원하는 컴퓨터들을 좀비PC로 만들어 디도스 공격의 노예로 삼고 있다. 핵시설을 멈추게 할 수 있는 스턱스넷과 같은 바이러스의 등장은 독보적이다. 컴퓨터 바이러스의 진화 속도는 무서울 정도다. 순식간에 바이러스가 네트워크를 타고 기반시설들을 감염시키면 어떤 위기를 맞을지 알 수 없다.

도덕성이 결여된 사회, 최고의 돈벌이 도구가 된 랜섬웨어를 유포하는 해커처럼 의도적으로 바이러스 전달자 역할을 하는 이들이 속출한다면 사회는 한층 더 위험해질 것이다. 어찌 됐든 바이러스는 소리 없이 나타나 치명적인 공격을 계속 감행할 것이다. 바이러스의 창궐을 막아야 한다.

바이러스는 우리의 삶을 혼란케 하며 어지럽히고, 파괴하기도 한다. 우리는 바이러스가 창궐할 수 없는 환경과 여건을 유지해야 할 뿐더러 그 싸움도 준비해야 한다. 사물인터넷, 빅데이터 사회 그리고 첨단기계 문명시대를 눈앞에 두고 있는 미래, 아이러니하게도 그 세계를 가장 위협하고 있는 것은 쪼갤 수도 볼 수도 없는 바이러스이다.

게임중독 법안과 스티브 잡스

혁신의 아이콘이자 디지털 시대의 영웅 스티브 잡스는 세계 최초의 비디오게임회사인 아타리사에서 사회생활의 첫발을 내디뎠다. 빌 게이츠가 첫 성과를 이룬 것은 컴퓨터를 상대로 할 수 있는 간단한 게임 프로그램 제작이었다. 마크 저커버그도 11세 때 책을 사서 혼자 소프트웨어 공부를 시작, 율리우스 카이사르를 주인공으로 한 게임을 만들었다. 디지털 시대의 영웅 3인 모두 우리나라 시각으로 보면 마약, 알코올, 도박에 버금가는 사회악 중의 하나인 게임과의 인연으로 IT세계에 첫 발을 내디딘 셈이다.

2013년 국회에서 신의진 새누리당 의원이 대표발의한 게임중독 법안 때문에 소란스럽다. 누리꾼들은 반대서명에 돌입했고, 20만 명을 돌파했다는 이야기가 들린다. 법안은 게임을 마약, 도박, 알코올과 함께 4대 중독 유발물질로 규정하고 이를 국가에서 관리하겠다는 것이 주요 내용인 것 같다.

이와 함께 기존의 셧다운제 시간(12시에서 6시)을 10시에서 7시까지로 늘렸다. 신 의원이 부인하고 있고 확인되지 않은 이야기지만, 누리꾼들 사이에서는 게임사 매출의 1%를 게임중독자를 치료하는 기금으로 모은다는 소문도 나돌고 있다.

정신과 의사이기도 한, 신 의원이 현장에서 게임중독에 걸린 청소년들과 상대하고, 치료활동과 상담을 하다 보니 안타까운 마음이 있었던 것은 이해할 수 있다. 하지만 내놓은 법안을 살펴보면 동의할 수 없는 부분도 있다. 담배를 예로 들어보자. 마약처럼 안 좋은 것이지만 강력하게 규제하지 않고 금연캠페인이나 공공장소에서 흡연을 금지하는 것 등으로 규제하고 있지 않은가.

　게임업체나 게이머들은 패닉상태다. 갑자기 게임이 마약, 알코올, 도박중독과 같은 카테고리로 묶여 사회악을 양산하는 게임공급처나 프로그래머로 취급당한다는 심리적 위축감이 크기 때문이다. 그들은 2000년 초 온라인게임으로 세계시장을 주도하고 IT 한류를 이끌어 온 주역들이다. 게임산업은 여전히 매년 2조 원 이상의 외화를 벌어 들일 정도로 든든한 수출역군 역할을 하고 있다.

　게다가 게임은 프로그래밍, 디자인, 기획, 시나리오가 필요한 총체적 문화콘텐츠로 일자리 창출은 물론 창조경제의 핵심 키워드인 주요 콘텐츠 산업으로 자리 잡고 있다. 하지만 최근의 통계는 국가간 게임산업경쟁이 얼마나 치열하고, 그 가운데 상대적으로 고전을 면치 못하고 있는 현실을 적나라하게 드러내 준다.

　2000년 초 온라인게임의 중국시장 점유율은 80%에서 10%로 추락했고, 국내시장에서 외국게임사의 점유율은 초창기 10%에서 올해 50%를 넘어서고 있다. 규제보다는 지원이 필요하다는 이야기다.

디지털 혁명 이후 우리 사회는 첨단 도구와 빅데이터 시대로 전환하면서 본격적인 감시사회로 진입하고 있다. 그렇지 않아도 부자연스럽고, 늘 누군가에게 감시당하고 있는 현실 속에서 인터넷 공간에서 게임의 자유마저 부분적으로 법률로 강제당하고, 게임사들에 족쇄마저 채우려고 한다면, 아무리 좋은 발상에서 시작했다 하더라도 넌센스에 불과하다.

누리꾼들은 사이버 공간에서 가장 안락한 공간을 찾아서 그곳에 거주하면서 행복을 맛보기도 하고, 스트레스를 풀기도 한다. 그런데 현행 셧다운제로 부족해서 3시간이나 늘린 것 역시 청소년들의 마지막 쉼터까지 빼앗고, 더욱 숨통을 조이는 게 아니냐는 반발을 사고 있다. 이러다가는 인터넷 중독자, 스마트폰 중독자들을 제한하는 법안까지 발의될지도 모른다.

게임이라는 판타지 속에서 꿈과 상상력을 통해 IT

에 생명력을 불어넣은 스티브 잡스. 그의 위대한 업적은 개인의 창의력과 열정을 마음껏 꽃피울 수 있도록 만들어진 '자유와 민주주의'라는 토양에서 가능했던 것이기도 하다. 스티브 잡스가 그리워지는 이유다.

04
표적이 된 디지털 인류, 갈 곳을 잃다

해커는 무엇으로 사는가

 그를 만나기 위한 여정은 그렇게 쉽지만은 않았다. 여러 경로를 통해 어렵게 얻은 정보로 그를 찾아갔다. 그를 만난 건 일반인들이 찾기 힘든 음지의 지하 사이트였다. 화면에는 커다란 첨탑 위에 두 개의 십자가가 달린 중세의 성당 그림이 나타났다. 그 옆에는 금방이라도 뛰쳐나올 듯한 말을 탄 기병이 포효하고 있었다. 필자는 말을 탄 기병의 오른쪽 눈을 클릭했다. 그제서야 화면이 바뀌었다. 필자는 여러 경로를 통해 오게 된 사연을 간단하게 털어놓았다.

 그는 현실세계에서 지독한 외톨이였다. 하지만 현

실과 일상에 존재하는 모든 한계를 그는 인터넷상에서 극복하고, 전혀 다른 인물로 거듭났다. 그는 매매 사이트에 해킹툴이나 바이러스 등을 판매하는 실력파 해커로 애송이들과는 달랐다.

필요할 때는 직접 해킹을 시도한다. 초창기에는 마이크로소프트, 선마이크로시스템 등에 침입해 취약점을 관리자에게 알려주기도 했으나, 오히려 불쾌한 협박성 e메일을 받은 후부터 화이트 해커 역할을 접었다.

그는 중요 시스템에 들어갈 때 입력감지기로부터 입력값을 가로채고 거짓 입력데이터를 계속 송출, 시스템에 별 문제가 없는 것처럼 보이게 한 뒤 시스템 안으로 숨어 들어갈 수 있는 고난도의 해킹 실력을 갖추고 있다. 이는 할리우드 영화에서 감시카메라에 이미 녹화된 필름을 돌아가게 만들어놓고 유유하게 원하는 물건을 빼내오는 수법과 유사하다. 그는 자신을 어렵게 찾아온 필자를 반갑고 솔직하게 대해주었다. 그는 계속해서 자신의 이야기를 털어놓았다.

그는 복제한 신용카드로 수차례 돈을 뽑았고 100만 달러가 넘는다고 말했다. 또 보유 중인 수십만 개의 좀비 PC로 디도스 공격과 바이러스 판매 등을 통해 통장에 잔액이 170만 달러 정도 있다고 덧붙였다.

그는 목표 금액만큼 모은 뒤에는 경찰의 눈을 피해 남미에 정착, 인생을 즐길 것이라고 말했다. "그 정도 실력이면 사회나 국가를 위해 활동해도 적지 않은 수입이 보장되지 않느냐"고 묻자 "조직생활은 견딜 수 없다. 자유롭게 살겠다"고 했다. "실력 있는 해커로서 의미 있게 사는 것은 어떠냐. 어쨌든 지금 하고 있는 것들은 법을 어기고 있는 거 아니냐"는 질문에, 화를 내면서 "스파이냐"며 돌연 온라인에서 사라졌고, 필자는 사이트에서 튕겨졌다. 그가 인증한 157만3,000달러가 찍힌 통장 잔액만이 잔상에 남아 있었다.

며칠 전 한 중학생 해커가 600여 개의 좀비 PC를 이용, 디도스 공격을 감행했다. 또 은행 최고 정보관리 책임자이자 국내 1호 해커였던 이가 납품업체로

부터 금품을 챙겨 실형을 선고받았다. 한 보안전문가는 10억 원을 받는 대가로 경쟁사 도박사이트에 디도스 공격을 가했다.

최근 해킹범죄는 미국 등 선진국에서 벌어지고 있는 사이버 범죄의 형태를 닮아가고 있다. 사실 우리가 두려워하고 우려하는 파국은 폭력적인 범죄나 현실 속에서 악의 세력이 획책하는 계책 따위가 아니다. 중학생이 좀비 PC를 이용해 디도스 공격을 하고, 보안전문가가 오히려 사이버공격을 감행하는 작고 사소한 움직임들이다.

작은 파도와 잔물결 같은 이런 움직임이 네트워크 사회를 정지시키고, 한 도시와 국가를 삼켜 버리는 쓰나미가 되어 파국으로 몰아가는 나비효과를 일으킬지도 모르기 때문이다.

해커였던 스티브 잡스는 애플을 설립하는 등 모든 일을 하면서 스스로에게 늘 질문했다. "나는 왜 이 일을 하는가."

그는 애플을 상장한 23세 때 백만장자 반열에 들어

섰고, 24세 때 1,000만 달러, 25세 때 1억 달러가 넘는 자산가가 되었다. 그는 당시에 "내게 돈은 그다지 중요하지 않다. 내가 만든 회사, 제품, 직원들 그리고 내가 만든 제품이 사람들에게 어떤 가능성을 열어줄 수 있는지가 가장 큰 관심사였다"고 말했다. 인간과 신이 사라진 테크놀로지는 우리를 가짜 세계에 가두어놓고, 감정과 오감을 마비시킨 채 돈의 노예로 전락시키고 있다. 그런 시대를 살고 있는 우리에게 스티브 잡스가 주는 교훈은 시사하는 바가 크다.

해커집단인 어나니머스는 돈에는 손을 대지 않는다. 두둔하려고 하는 이야기가 아니다. 그들은 스스로를 '진실한 저항의 소리'라 자처하며 정치적인 동기로 움직인다고 밝혔다. 최소한 어나니머스처럼 자신들이 왜 그 일을 하는지에 대한 명분이라도 있어야 한다.

최근 벌어지고 있는 해킹 사건들을 굳이 예를 들지 않더라도 대부분의 해커들은 단순히 돈을 벌기 위해 사이버공격, 해킹을 한다. 뉴욕타임스에 따르면 매일 20만대 이상이 추가적으로 봇넷 바이러스에 감염되고 있고, 1억 대 이상의 봇넷이 존재하고 있다고 한다. 사이트에서 해킹 프로그램이나 툴, 바이러스를 사서 돈을 버는 별 볼일 없는 스크립트 키드 수준의 해커가 아니라면, 이 시대에 진정 무엇으로 살 것인지 고민해야 한다.

필자는 그때 홀연히 사라져 버린 해커를 다시 만날 수 있다면 잊지 않고 해줄 말이 있다. 당신같이 뛰어난 해커는 원래 의미의 해커로 돌아가, 디지털 시대의 주인이자 파수꾼 역할을 해야 한다고.

당신이 선택한 길이 겉으로는 화려하고 지름길처럼 보일지도 모르지만, 결국 고통과 비참함의 세계를 선택한 것이라고, 그 대가는 처절하게 치르게 될 것이다.

네트워크가 방어능력 이상으로 빠르게 성장하고 있고, 공격의 복잡성이 증가하고 있기에 당신 같은 유능한 해커에게는 아직까지 문이 열려 있다는 것까지.

삶의 한가운데로 들어온 SNS

 정준영이 구속됐다. 오랜만에 지인들을 만났다. 화제가 그쪽으로 쏠렸다. "구속이 꼬리 자르기 아니냐"고 묻는다. 승리의 버닝썬 이야기가 이어졌다. 청와대 근무 경력의 총경과 승리의 관계, 나아가 정계 거물 연루 의혹이 거론됐다.
 한편에서는 관심 돌리기라고 한다. 장자연, 김학의 건을 묻으려는 것 아니냐는 거다. 아니, 도대체 덮으려는 진짜 이슈가 무엇일까. 더는 미디어를 믿지않는 현대인들은 결국 통로를 SNS로 대체해 가고 있었다. SNS가 가짜뉴스 진원지라는 것을 몰라서 그러는 건 아니다. 그들은 그곳에서 대화하고 소통하며 각자의 인식의 틀로 뉴스를 소화해내기 때문이다.

우리는 그속에서 맛집을 공유하고, 일상을 이야기한다. 동영상과 사진 등을 서로 나누어보면서 감정을 주고받는다. 어쩔땐 이모티콘 하나로 표현을 대신한다. 하지만 그곳에서 진실된 대화는 사실상 거의 불가능하다. SNS는 겉치레와 꾸미기, 자랑과 허세로 가득차 있다. 외제자동차, 유명인과의 친분, 화려한 파티 등을 자랑하는 인증사진에 이르기까지. 가슴 깊숙이 숨겨진 삶과 내면의 이야기 같은 건 보이지않는다 .

이는 SNS가 삶속에 들어온 것은 분명하지만 진실된 마음을 공유할 수 없는 태생적 한계가 있다는 것이다.

주위에는 50여 개가 넘는 단톡방을 가진 이도 있다. 50개가 넘는 단톡방에서 도무지 어떤 진실된 이야기를 나눌수 있단 말인가. 어떤 진실된 인간관계가 이루어질수 있을까. 그저 인공적인 인간관계의 벽을 넘어서는 것은 불가능하다. 오히려 이로인해 인간은 점점 더 고독해지고, 외로움은 더해간다.

연예인들의 SNS가 논란거리다. 마약, 성매매, 경찰유착, 탈세, 연예인 등이 등장하는 조폭영화 한편을 연상시키는 버닝썬 사건.

그 사건에 연루된 승리가 1,600여 장에 달하는 페이스북 사진 중 증거가 될 수도 있는 경찰복을 입고 찍은 사진을 돌연 삭제했다. 게다가 정준영이 한국의 페이스북에 해당하는 카카오톡을 통해 성범죄 동영상을 공유하고 유포했다. SNS를 통해 인간관계는 인스턴트적이고, 파괴적이며 파편적으로 변해가고 있다. 디지털시대 인간이 첨단기술의 혁신을 따라잡지 못하면서 벌어지는 슬픈 현실이다.

극단적 비유일 수 있지만 사용자들은 마약딜러에게 한 봉지를 헐값에 받아들고 즐기다 결국 마약중독자가 되는 것처럼 SNS 중독자가 돼가고 있다.

인간은 첨단도구를 활용해 자신의 능력을 향상시키고, 완전한 존재가 되기를 원했다. 하지만 기술에 의해 인간이 배제되고, 인간성이 파괴될 수 있다는 우려가 현실이 돼가고 있다. '위대한 개츠비'처럼 그가 가진 모든 것을 자신도 갖게 되리라고 생각했을까.

'승츠비' 승리는 지금 성매매와 경찰유착 의혹으로 수사를 받고 있다. 한때 그들은 페이스북의 팔로워와 좋아요의 엄지 숫자가 폭발적으로 늘어나는 것을 보며 세상을 얻은 듯 뿌듯했으리라.

그러나 실제 그들의 삶은 디지털화 과정에서 점차 시스템에 종속돼 가면서 힘과 권력을 박탈당한 채 주체가 아닌 종속적 부속품으로 전락하고 있었다.

우리는 외딴길 통나무 다리를 건너듯 조심해야 한다. SNS와 현실을 오가며 두 세계를 어떻게 정립해 가야 할지 곰곰이 생각해 보아야 한다. 만일 우리가 한 세계를 또다른 세계로 대치하기 시작하면 우리의 삶이 어떤 비극을 마주하게 될지는 누구도 알 수 없다. "어떤 일을 했는데 그것을 페이스북에 올리지 않는다면 정말로 그 일을 한 게 맞는 것일까"라는 사용자들의 혼잣말은 우리를 슬프게 한다.

불멸하는 데이터에 대한 우려와 기대

 페이스북 창업자 마크 저커버그와 구글의 에릭 슈미트가 맞았다. 그들이 예측한 대로 프라이버시의 시대는 끝나가고 있다.

 물론, 미국 국가안보국(NSA)이나 영국, 중국, 러시아 등의 국가들이 국가안보와 대테러전쟁을 명분으로 국민들의 e메일이나 개인정보, 의사소통을 감시, 불법 정보를 수집하기 때문만은 아니다. 개인정보 데이터를 수집한 홈플러스 등 일부 기업들이 돈벌이에 혈안이 되어 개인정보를 팔아먹기 때문만도 아니다. 정보가 한 곳으로 수집되고 축적되는 빅데이터

시대가 눈앞에 다가왔기 때문이다.

삼성은 한때 갤럭시 시리즈 판매에 이벤트를 가미했다. 앱을 다운로드하는 100만 명에게 무료로 유명 랩가수의 앨범을 다운로드 받게 해준 것.

이벤트에 참여한 사람들은 다운로드한 음악앱이 사용자 스마트폰의 시스템도구, 네트워크 통신기록, 통화, GPS위치 등에 접근해야 한다는 조항에 동의했다는 사실을 뒤늦게 알았다. 24시간 자신의 행방을 계속 넘겨준 셈이다.

궁극적으로 개인정보를 포함한 각종 데이터의 구슬을 잘 꿸 수만 있다면 욕망, 공포, 행동양식, 기후, 질병, 범죄까지 예측할 수 있다. 빅데이터는 이처럼 놀라운 미래를 예측하고, 새로운 비즈니스 기회까지 제공하면서 환상적인 미래를 기대하게 한다.

데이터는 지구 반대편까지 전송되기도 한다. 누군가 이 데이터를 한데 모아 체계를 세운다면 갑자기 초점이 맞아떨어지는 선명한 영상이 눈앞에 다가올 것이다. 이 대목에서 〈마이너리티 리포트〉 같은 영화를 언급하는 것은 너무 진부한 이야기가 됐다.

빅데이터는 개인의 사생활과 정보를 기본으로 하는 데이터 수집에서 출발한다. 개인정보 유출과 프라이버시 침해 논란은 아마 빅데이터 시대가 끝나지 않는 한 계속될 것이다. 최근 MIT 미디어랩 연구팀은 '방대한 데이터에서 이름, 주소, 전화번호 등을 제거하더라도 익명성을 철저히 보장할 수 없고 안전하지도 않다'고 밝혔다.

머지않아 이런 일도 심심치 않게 벌어질 것이다. 당뇨병과 고혈압으로 치료를 받고 있는 당신이 커피점이나 술집에서 카드를 긁는 순간, 국민 건강보험에서 과태료 문자메시지가 날아올 것이다. 사건 이후 의료보험료는 지속적으로 오르게 될 것이다. 치료에 비협조적인 데다가 오히려 악화시킬 수 있는 식습관을 반복하는 당신에게, 페널티를 준 것이다. 이처럼 빅데이터는 우리의 흔적을 기록하고, 데이터를 전송, 그에 따른 패턴 분석을 하고 행동을 예측, 감시하기도 한다. 초기 단계지만 현재 미국은 테러·치안·

전염병 예측에, 일본은 지진 등 자연재해에 빅데이터를 활용하고 있다. 활용 범위는 계속 늘어날 것이다.

보안이 뚫린 빅데이터의 위험성은 빅브라더를 연상시킨다. 만일 사악한 권력자가 나타나서 데이터를 통제하고 관리하려고 한다면, 당뇨병이나 고혈압 등을 앓는 정적(政敵)을 살해하기 위해 데이터를 조작, 약을 바꿔 처방하거나 링거를 바꿀 수 있다.

때로는 빅데이터 안의 디지털정보를 조작하기도 할 것이다. 에이즈 환자나 FBI에 쫓기는 스파이, 경찰에 수배된 강간살인범으로 조작, 격리시키거나 생명의 위협을 받게 할 수 있다. 조작된 데이터라 하더라도 인간들은 데이터를 신뢰한다. 빅데이터 안에서 그가 범죄자라고 기록돼 있다면 범죄자이고, 신용불량자라고 하면 그게 진실이 되어 버린다.

해커를 낀 범죄집단이나 테러리스트들이 빅데이터의 접근권을 획득하게 될 경우도 마찬가지다. 그들은 빅데이터를 통제하고 개인들을 감시하고 조종할 것이다. 직업, 재산, 은행 현금 인출 내역, 신용카드

거래, 범죄, 병력 등 빅데이터 내 개인정보 데이터를 활용해 원하는 목적을 이룰 것이다.

　기업과 정부가 보유하고 있는 데이터는 국민들로부터 발생한 것으로 데이터의 주체는 국민이다. 따라서 기업은 물론 정부는 데이터 공유와 활용에 대한 규칙이 필요하다. 빅데이터는 그저 대규모 거대 조직만이 음흉하게 사용할 수 있는 것이 아니다. 소비자, 일반인들에게도 기회는 열려 있다. 정부와 기업은 다시 한번 데이터의 주인은 국민이라는 사실을 인식하고, 데이터 공유와 활용에 데이터의 주체인 일반인, 시민단체의 참여를 장려하고 적극 가담시켜야 한다.

　종국적으로 우리를 둘러싼 디지털 환경 속에서 결국 개인들은 프라이버시의 종말을 앞두고 있다. 우리가 이 세상에서 사라진 뒤에도 데이터는 저장된 채 이 땅에서 불멸할 것이다. 그리고 미래를 예측하는 필요불가결한 존재로 꽃을 피울 것이다. 인간의 프라이버시가 죽은 그 자리에서.

뇌속에 심어놓은 거대한 환상

 타인의 꿈속에 들어가 중요한 정보를 훔치는 일을 하는 톰코브(레오나르도 디카프리오)는 누명을 쓰고 수배자가 된다. 그는 타인의 꿈속에서 원하는 생각을 심을뿐더러 생각을 훔치기도한다. 그야말로 그 분야 최고의 기술자다. 그는 대기업 후계자의 머릿속에 새로운 생각을 심어 기업합병을 막게만 해준다면 국제수배자의 신분에서 벗어나게 해주겠다는 제안을 받고 일에 착수한다. SF적인 상상력과 흥미로운 CG로 전세계적으로 달구었던 영화 인셉션.

 기술적으로는 먼 미래에 가능할지 모르지만 일상

에서 흔히 벌어지고 있는 일이다. 부패한 절대권력들이나 특수목적을 가진 세력들이 세뇌와 여론조작 등을 통해 인간의 생각을 조종해왔다. 그런측면에서 영화는 현실과 일맥상통한다. 여전히 우리의 뇌는 조작과 세뇌에 쉽게 빠지도록 열려있고, 이를 감행하려는 세력들이 존재하고 있기때문이다. 이는 인간을 가장 비인간적으로 만드는 사악한 범죄다

정보조작은 물질적 손실은 물론 개인의 인격과 영혼을 파괴시키기도 한다. 정권이 바뀔 때마다 새로운 진실이 파헤쳐지는 것은 왜일까. 정권을 위해서는 정보조작도 서슴치 않았다는 이야기다. 우리가 발을 딛고 사는 사회의 현실이다. 영국인들의 60%가 지적인 것처럼 보이기 위해 읽지도 않은 책을 읽었다고 거짓말을 한 적이 있다고 한다.

그중 가장 많은 대답이 조지 오웰의 소설 『1984』라고 한다. 왜일까. 소설 속에 등장하는 세계가 현실을 소름 끼칠 정도로 정확하게 예측했고, 고유명사가 되어버린 '빅브라더'니 '감시사회'의 원전(原典)이

자 고전인 소설을 읽지 않았다는 힐난이 두려웠기 때문일지 모른다. 감시사회를 언급하려고 조지 오웰의 『1984』를 빼어든 게 아니다.

주인공 윈스톤은 과거의 신문 등 모든 저작물을 오늘의 상황에 맞게 정정했다. 그런 방식으로 당의 모든 예측이 적중했음을 기록적으로 입증했다. 결국 그는 역사를 조작하고 있었다. 조지 오웰은 『나는 왜 쓰는가』라는 자전 에세이에서 "역사가 실제 일어났던 일이 아니라 '당의 노선'에 따라 일어났어야 하는 대로 기록되는 것을 보았고, 싸움이 벌어지지도 않았는데 대단한 전투가 있었다고 보도하고 총성 한 번 못 들어본 이들을 영웅으로 마구 치켜세우는 것도 보았다"고 적었다.

그렇다면 우리가 믿을 수 있는 것은 무엇일까. 전두환 정권 시절 안기부는 정보를 조작, 수지김을 간첩으로 몰았고, 그를 죽인 윤태식을 생체인식 벤처기업인 '패스21'의 대표로 만들었다. 세월호 침몰 당시 한 석간신문 초판에는 "중앙 재난안전대책본부에 따르면 학생 325명과 교사들이 모두 구조됐다고 발표했다"고 보도했다. 미확인, 잘못된 정보로 인해 구조가 늦어지고 안이하게 대응하는 단초가 되기도 했다.

신문은 중앙 재난안전대책본부를 인용했다고 한다. 사실상의 정보교란 행위였다. 정보조작과 교란, 왜곡은 개인은 물론 사회와 국가에 큰 위기를 가져다줄 수 있다. 허위, 루머, 괴담, 잘못된 정보는 스모그나 매연처럼 가상공간을 교란한다. 나아가 사회 경제, 국가의 시스템까지 교란시키고 생명을 위협하기도 한다.

디지털시대에서는 그 정도가 심각하다. 컴퓨터 네트워크가 만일 우리의 디지털 자아를 지워버린다면 우리는 사회적 존재를 박탈당하게 될지도 모른다. 주민등록번호가 말소되는 것과 다를 게 없다.

정치권력의 정보조작과 왜곡 못지않게 위협적인 것은 기업권력이다. 기업권력은 돈으로 장악한 언론이나 자체 연구소 등을 통해 권위 있는 지식을 생산·유포시킨다. 이것은 설사 조작됐더라도 때로는 진실이 되기도 한다. 우리 시대 조작·왜곡된 정보는 필터링 없이 뇌에 입력된다. 정보의 중요성은 아무리 강조해도 지나치지 않다. 권력은 정보 독점과 지배에서 비롯된다. 총, 칼에서 권력이 나오던 시절은 지났다.

소설 『1984』에서 주인공이 역사를 조작하는 것도 그 때문이다. SNS는 왜곡된 이미지를 만들고 시각화된 언론과 광고가 우리를 지배하게 된다. 또 생각없는 개인들은 확인도 안 된 정보를 SNS를 통해 유포시키고 이것은 리트윗 등을 통해 확대·재생산된다. 결국 우리는 거짓을 사실로 받아들이게 되고, 나아가 진실이 무엇인지도 모르는 상황까지 이르게 된다.

빅데이터 세상의 진입로에 와 있다. 특히 문자, 영상데이터 등 규모를 가늠할 수 없을 정도로 많은 정보가 생산되는 빅데이터 환경이 도래하고 있다. 구글글라스나 첨단 글라스 혹은 눈동자에 삽입되는 특수칩이 데이터를 저장하는 디지털 디바이스가 될 것이다. 눈동자에 삽입되는 특수칩은 눈앞에 보이는 현상을 실시간으로 메인 컴퓨터에 전한다. 쉽게 말해 눈동자에 삽입된 칩이 블랙박스 역할을 하게 되는 것이다. 이는 10년 안에 상용화 될 것이다. 가까운 미래에는 데이터 수집, 분석이 범죄자의 흔한 오락이 될지도 모른다. 기업이나 정치권력은 자신에게 불리한 기록을 없애 버리려 할 것이다. 우리는 정보의 통제나 지배에서 벗어나야 한다.

특히 조작된 정보라면 더욱 그렇다. 능동적으로 정보의 가치와 진위를 선별할 수 있는 지혜를 키워야 한다. 해커와 시민들은 기업, 정치권력의 정보통제를 지속적으로 감시해야 한다. 비록 〈매트릭스〉에서 언급한 것처럼, 우리의 삶 자체가 인공지능 컴퓨터시스템이 우리 뇌 속에 심어놓은 거대한 환상에 불과할지도 모른다 해도.

샐러리맨이 되어가는 해커

　미국 등 일부 IT 선진국에서는 '해커 샐러리맨'이라는 신종 직업이 출현하고 있다. 해킹이 신종 비즈니스로 자리 잡고 있는 것이다. 그들은 솔루션업체나 소프트웨어라는 이름을 붙인 사업자등록증을 내걸고 버젓이 해킹 비즈니스를 하고 있다. 해커들은 사후 벌어질 책임을 대신 짊어진다는 방패막이 조건 아래 샐러리맨이 되기도 한다.

　5일제 근무에 정기적인 회사 야유회나 가족을 대동한 해외여행 프로그램에도 참여한다. 그들은 음지에서 엄청난 수익을 올리는 도박업체의 경쟁사이트에 디도스 공격을 퍼붓고 대가를 받거나 직접 금융계좌를 털기도 한다. 물론 여느 기업처럼 마케팅도 공격적으로 한다. 유튜브에 광고를 올려 사업 경쟁업체들의 사이트를 공격해주겠다고 유혹한다. 단기간이나 장기간 디도스 공격도 해줄 수 있지만 가격 차이가 난다고 알려준다.

왜 너도나도 이 위험한 사업에 뛰어드는 걸까. 벤처에 뛰어들어 성공할 확률은 5%미만이다. 하지만 그들 스스로 부르는 '해킹 벤처' 혹은 '해킹 비즈니스'는 다르다. 다른 범죄와 달리 국경을 초월할 뿐더러 쉽게 잡히지 않고 '해커 샐러리맨'들이 받는 연봉은 실적에 따라 일반인의 수십 배에 달하기 때문이다. 사업주야 말해서 무엇하겠는가. 게다가 테크놀로지의 발전, 특히 빅데이터나 사물이 네트워크로 연결되는 사물지능 인터넷 시대가 임박해오면서 널려질 먹잇감에 그들은 흥분하고 있다. '초연결사회'의 사물인터넷 혁명은 냉장고와 스마트TV를 해킹, 두 가전제품을 '좀비'로 만들어 악성 e메일을 75만 건이나 발송하는 놀랍고, 위험하면서도 대단한 그들의 실력을 드러내 보여주었다. 무한대로 확장될 해킹산업의 단면을 보여주는 사례다.

하루에 20만 개 이상의 컴퓨터 바이러스가 발생한다. 수만 개의 웹사이트들이 악성코드에 감염되고 있다. 포르노 사이트 등을 공짜로 다운로드 받을 수 있는 웹하드가 널려 있지만, 꼭 그런 것만은 아니다. 사용자가 방심하기만 하면 언제든지 비슷한 상황을 맞이할 수 있다. 악성코드가 자신의 컴퓨터로 빨려 들어가는 순간, 컴퓨터는 좀비 PC가 된다. 결국 해커에 의해 장악돼 개인정보나 모든 데이터들이 유출되는 것은 물론 디도스 공격의 통로로 악용되기도 한다. 해커들은 때로는 오프라인을 통해 교묘한 방법이나 경로로 다가가기도 한다.

만일 당신이 타깃이라면 어떻게 해서든지 당신을 만나서, 초소형 GPS칩이 내장된 명함을 건네줄 수도 있다. 점심식사 후에 회사 건물 앞에서 설문조사를 하는 핫팬츠의 매력적인 여성들을 동원할 수도 있다. 그녀들은 당신에게 미소를 지으며 USB를 사은품으로 건네줄 것이다. 그녀의 향수 냄새를 음미하며 USB를 컴퓨터에 꽂는 순간, 본인의 컴퓨터는 물론 동시에 인트라넷으로 연결된 회사 컴퓨터가 악성코드에 감염돼 좀비 PC가 될 것이다. 아무리 최고의 보안시스템을 만든다 해도 그것은 언젠가 뚫린다. 특히 해킹의 세계에서 창을 영원히 막을 수 있는 방패는 없다.

스티브 잡스와 빌 게이츠는 디지털 혁명의 위대한 전사인 동시에 해커였다. 시대가 변해 해커가 크래커를 통칭하는 말로 인식되고 있고, 그들은 지구 반대편에서도 원하기만 하면 돈을 빼내고, 적성국가의 통신과 심장부까지도 뚫을 수 있다. "해킹이 사라지는 안전한 디지털 사회가 수십 년 안에 올 것이다"라는 가설을 꺼내는 바보는 없을 것이다, 작전의 중심은 인터넷이다. 해킹은 디지털 도구가 존재하는 한 사라지지 않는다.

해킹, 스파이 그리고 사찰

얼마 전, 벌어진 국정원 사건(2015. 8)은 어디서 많이 본 듯한 이미지의 연속처럼 느껴졌다. 해킹프로그램을 판매하는 첨단보안회사의 e메일이 뚫리고 프로그램을 사들인 국가들과 극비의 질문들이 공개되고, 안타깝게도 동시대를 살아가는 가장이 목숨을 끊었다.

이건 영화인가, 소설인가, 아니면 조작된 현실인가. 모두 아니다. 그것은 우리가 살고 있는 디지털 시대의 일상과 처절한 삶의 일부이고, 현실이다. 사이버 공간은 인터넷이 만들어낸 꿈과 환상의 세계에 불과한 것으로 여겨지던 시절이 있었다. 하지만 지금은 우리 삶의 모든 부분에 침투해 있고, 그것이 환상이 아니고 존재하는 실재 세계라는 것을 확인시켜 주고 있다.

사실상 우리 삶의 기반시설이 되고 있는 인터넷을 식민지화하려는 엄청난 시도가 미 정보부에 의해서 진행되고 있다. 인터넷을 수중에 넣는다면, 세계를 장악하는게 그다지 어려운 일은 아니다. 그렇게 되면 우리는 더 이상 자신의 삶을 통제 할 수 없게 될지 모른다. 우리는 그저 삶을 통제하는 컴퓨터 시스템의 노예로 전락하게 될 것이기 때문이다. 미 정보부가 전 세계를 감시하고 있는 것도 그런 이유이고, 중국이 악을 쓰고 이에 맞서는 것도 같은 이유다.

4년 전 봄, 이집트 시위대는 이집트 비밀경찰 본부를 뒤지다가 수많은 서류다발 가운데 'FINFISHER(핀피셔)'라는 제목의 서류다발을 발견했다. '핀피셔'는 이집트 정부가 시민들의 통신 내용을 감청하기 위해 구입한 영국의 '감마인터내셔널'에서 개발한 소프트웨어였다. 이탈리아 해킹팀 역시 영국의 '감마인터내셔널'과 마찬가지로 국가를 대상으로 첨단 해킹프로그램을 개발, 판매하는 회사들 중의 하나이다.

이처럼 실력 있는 해커들은 종합적인 감청, 사찰 등이 가능한 해킹프로그램을 개발, 돈을 버는 해킹 산업에 뛰어들고 있다. 그들이 무슨 명분을 내세우고 있는지는 모르지만 목적은 돈이다. 그렇기에 이탈리아 해킹팀에서 프로그램을 구입한 국정원의 해킹사건 논란을 지켜보는 국민들의 심정은 착잡하다.

국정원은 때로 해킹도 하고 사찰도 해야 하는 상황에 마주칠 수 있다. 국정원이 대북 관련 정보 수집 및 국가 안전을 위해 그에 반하는 범죄자나 전력 있는 용의자를 감청하고 사찰하는 것을 국민들이 반대하는 게 아니다. 해킹프로그램을 국민의 스마트폰이나 컴퓨터에 장착시키는, 총구를 국민에게 겨누는 것을 우려할 뿐이다.

미국은 '엑스-키스코어' '프리즘' '더블 에로' 등과 같은 감청시스템과 프로그램을 직접 개발, 전 세계를 대상으로 전천후 사찰과 감청, 스파이 활동을 하고 있다. 그럼에도 국내에서 큰 문제를 제기하거나 제동을 거는 이가 없는 이유는 모든 활동들이 국가 안보와 국익을 위해서 움직이고 있다는 믿음이 있기 때문이다.

미국은 10년 전부터 사이버 공간이 모든 전쟁의 시발점이 되고, 작전의 중심이 될 것이라고 예측, 사이버 공간에서 공세를 목적으로 한 국가정책에 힘을 쏟았다. 중국의 정부 주도 아래 이어지는 전 세계를 향한 지속적이고 무차별적인 국가 기관 해킹 등 스파이 활동은 더 큰 자극제가 됐다. 그 결과 우수한 사이버 전사들을 양성하고, 해킹프로그램과 사이버 무기들을 개발했다. 이란의 핵시설을 한동안 무력화시킨 스턱스넷이나 감염 사실조차 모르게 활동하는 최고의 정교함을 자랑하는 플레임 같은 경이로운 악성코드를 만들어 내는 것도 모두 그 연장선에서 이루어진 것이다.

시간이 많지 않다. 우리도 사이버전을 대비하고

사이버 전사, 우수한 해커 양성에 박차를 가하고, 사이버 무기 개발을 서둘러야 한다. 사이버전은 국방의 연장선상에 존재한다. 최근 밝혀낸 방산비리만 1조 원에 달할 정도로 악취가 쏟아지는 요즘, 사이버 무기와 사이버전에 대한 예산과 투자에 정부의 의지가 보이지 않는 것은 안타까운 일이다.

방산비리로 낭비된 돈의 일부라도 사이버 보안 예산에 투입됐더라면, 굳이 이탈리아 해킹팀을 찾아다닐 필요가 있었을까. 세계 최고의 인터넷 인프라를 갖추고 있고 스마트폰 보유율 세계 4위를 자랑하는 한국이 사이버전 수행 능력과 보안 수준이 후진국 신세를 면치 못하고 있는 것은 창피한 일이다.

지금이라도 정보(첩보)전쟁 시대에 대비해 해커들에게 관심을 쏟아야 한다. 2017년까지 5,000여 명의 해커를 양성한다는 계획은 제대로 진행되고 있는가. 해커는 더 이상 디지털 세상의 질서와 네트워크를 파괴하는 일그러진 괴물이 아니다. 그 중엔 길을 잃은 이들도 있고, 기회를 원하는 이들도 있을 것이다.

우리의 미래는 적지 않게 그들에게 달려 있다고 해도 과언이 아니다. 현실이 해커를 크래커로 몰아가고 있지만 그들에게 꿈과 비전을 심어주고, 미래를 주도하도록 국가가 지원에 나선다면 우리는 인터넷을 식민지화하는 사이버 전쟁에서 도태되지만은 않을 것이다.

드론에 뚫리는 사회, 해커에 뚫리는 드론

얼마 전 일본 총리관저에 드론이 날아들었다. 드론에는 후쿠시마에서 채취한 모래가 들어 있었고, 미량의 세슘이 검출됐다. 미국에서도 비슷한 일이 벌어졌다. 올 1월 소형 드론이 백악관 앞마당에 떨어졌다. 미국과 일본의 정상이 거주하는 국가 중추기관을 뚫어버린 드론은 물리적 측면에서도 보안에 치명적 허점이 있다는 사실을 증명했다. 만일 총리관저나 백악관에 날아든 드론에 고성능 폭탄이나 심각한 양의 방사성물질이 포함되어 있었다면 어떤 상황이 벌어졌을까.

일련의 사건을 그저 단순한 해프닝으로 넘길 수 없는 이유가 있다. 두 사건의 중심에는 드론이라는 디지털 기기가 공통적으로 등장한다는 것이다. 군용 드론이 아닌 상업용 드론이다. 초기 드론은 사람을 대신해 적지 시찰이나 정보수집, 공격 등 군사 목적으로 개발됐다. 하지만 프랑스 패롯사의 드론은 2011년 성탄절 연휴 때 가장 많이 팔린 장난감 중의 하나였다. 드론의 폭발적 인기를 실감케 해주는 사례다.

그 이후로도 드론의 인기는 식지 않고 있다. 이처럼 원하면 누구나 손쉽게 드론을 접할 수 있게 됐다. 이 같은 추세라면 조금 과장해서 머지않아 각국의 상공에 드론들이 벌떼처럼 날아다닐는지 모른다.

이미 산업이나 서비스 분야 등에서 드론은 발군의 능력을 과시하고 있다. 포도나무의 병충해 파악, 양떼를 지키는 양몰이, 강아지 산책 등 농업, 감시, 단순 배송에 이르기까지 다양한 기능을 갖춘 드론이 활발하게 활동하고 있다. 드론은 디지털 세계에서 스마트폰에 못지않게 우리 삶에 놀랍고 혁명적인 변화를 가져올 것이다.

문제는 드론 스스로의 보안 취약성 때문에 벌어지는 해킹과 사생활 침해다. 특히 상업용 드론은 제품 자체에 카메라가 탑재돼 있어, 날아다니는 CCTV역할을 한다. 따라서 개인정보 수집과 사생활 침해 문제라는 꼬리표를 달고 다닐 수밖에 없다. 드론은 상공을 날아다니면서 비키니를 입고 옥상에서 일광욕을 즐기는 여성을 찍고, 창문 등에서 침실과 욕실을 자연스럽게 촬영하기도 한다. 동시에 상공 아래 있는 스마트폰을 해킹하기도 한다.

와이파이가 켜져 있는 스마트폰에 접속, 그 안에 있는 정보와 데이터를 한순간에 빼내는 도둑질을 하기도 한다. 미국의 한 상원의원은 이를 두고 "뉴욕시 상공이 마치 서부 개척시대를 연상케 하듯 드론의 무법지대가 되고 있다"고 표현했다.

또 다른 문제는 드론을 악성코드로 감염시켜, 해커가 하이재킹할 경우다. 나아가 드론에 사제 폭발물을 탑재, 위험한 살상용 폭발물로 만들 경우도 배제할 수 없다. 도심 한가운데 숨어 있는 테러리스트들은 드론을 신이 준 선물이라고 감사할는지 모르겠지만….

인도의 한 보안전문가가 개발한 '몰드 드론'이라는 악성코드는 드론을 감염시켜 원격조종할 수 있게 했다. 멀쩡한 드론을 한순간 하이재킹해서 자신의 손아귀에 넣어버린 것이다. 간단하게 말해서 이 바이러스는 드론 납치 프로그램이다. 이 보안전문가는 드론을 해킹, 원격조종하는 모습을 유튜브를 통해 공개하기도 했다.

이는 〈매트릭스〉류의 모든 영화나 소설의 모태가 된 윌리엄 깁슨의 경이로운 소설 『뉴로맨서』에 나오듯 가상의 공간에서 해커가 우리의 신체를 훔쳐 그것에 대한 통제권을 강탈하는 것에 비유될 수 있다. 그렇게 될 경우 우리는 더 이상 우리의 신체를 자신의 것으로 다룰 수 없게 될 것이다.

네트워크로 연결된 초연결사회는 상호의존적 관계로 이루어져 있다. 그래서 보안에 취약한 링크 하나만으로도 전체 네트워크가 치명적 피해를 입을 수 있다. 따라서 어떤 디지털 도구라도 보안에서 자유로울 수 없다. 특히 무인자동차 상용화 등 사물인터넷 시대를 앞둔 상황에서 무인차를 구입, 아우토반을 질주하겠다는 이들이 그리 많지 않은 것은 해킹과 보안 문제 때문이다. 드론 역시 보안이 뚫리게 되면 해커에게 납치된 일종의 '좀비 PC'와 다를 게 없다. 사물인터넷 시대에 놀라운 디지털 도구가 하나둘씩 등장할 때마다 동시에 출몰하는 '바이러스'와 취약점에 관한 소식은 함께 위기도 내포하고 있다는 사실을 실감케 한다.

우리는 드론이 선사하는 획기적인 삶의 변화에 기대를 하고 있다. 더불어 쉴 새 없이 출몰하는 바이러스의 위험을 디지털 사회로부터 격리시키기 위한 노력도 지속해야 한다. 드론에 뚫리는 사회, 해커에 뚫리는 드론…. 보안은 디지털 세계에서 영원히 해결되어야할 숙제다.

스마트폰의 역습

 밥을 먹으면서 무릎에 놓인 스마트폰으로 '카카오톡'을 하고, 지하철이나 버스 안에서도 스마트폰으로 게임을 한다. 대학 강의실에서도 강의에 집중하기보다는 스마트폰으로 옆자리에 앉은 친구랑 카톡으로 대화를 한다.
 우리는 눈을 뜨는 순간부터 침대에 눕는 순간까지 스마트폰을 손에 쥔 채, 그 마법에서 빠져나오지 못하고 있다. 아니 마법이라기보다는 새로운 신체 일부가 된 사이보그처럼 되어가고 있다. 사고 등으로 팔이나 다리를 잃은 자리에 로봇 팔이나 다리를 연결한 것처럼 스마트폰은 몸의 일부가 되고 있다.

나아가 음성 명령만으로 검색·전화·촬영을 할 수 있는 구글 글래스나 손목에 차거나 입는 웨어러블 컴퓨터의 등장은 상징적인 사이보그 인간의 우려를 가속시킨다. 스마트폰이 수첩과 백과사전을 대신하고, 인터넷이 암기와 사고 등 뇌의 기능을 대신해 주면서 뇌를 사용할 필요성을 느끼지 못하게 한다. 뇌는 점점 더 무뎌지고, 스마트폰에 중독된 우리는 사색이나 깊은 상념에 젖기도 힘들다.

"인터넷에 기억장치를 아웃소싱하게 되면서 뇌가 기능을 잃고 있다"는 니컬러스카의 지적은 우리의 현실을 뼈저리게 통감하게 한다. 결국 뇌 구조는 바뀌고 뇌가 작동을 멈추지 않을까, 하는 디스토피아적 상상도 전혀 불가능한 것만은 아니다.

'디지털 세계로 향하는 마차'를 타지 않으면 추락할 것이 두려워 사물에 대해 깊게 생각하거나 자신을 되돌아볼 시간이나 여유를 갖지 못하는 게 현실이다. 결국 뇌는 점점 녹슬고, 생각이 소멸해 갈 즈음 스마트폰의 메모리장치만을 의지하며 살아가는 인공지능보다 못한 소외된 형태의 새로운 인간이 탄생할 지도 모를 일이다.

스마트폰으로 들어온 가상세계를 혼돈과 파멸로 뒤집어 놓을 바이러스 문제는 더욱 심각하다. 스마트폰은 더 이상 소통의 도구가 아니다. PC가 스마트폰으로 대체되고 있고, 기능은 뱅킹·쇼핑·홈오토메이션에 이르기까지 한계를 뛰어넘고 있다.

컴퓨터의 미래이기도 한 스마트폰은 결국 컴퓨터 바이러스나 해킹, 악성코드 등에 의한 사이버 침해 현상에 똑같이 노출되어 있다. 방송국과 금융기관 서비스를 순식간에 마비시키기도 하고, 고속철도 등 국가 기간 시스템을 교란하거나 운행 중단, 전력과 상하수도 통제 컴퓨터 다운, 신분 조작, 금융사이트 해킹 등이 그것이다. "어떻게 그런 일이 벌어질 수 있느냐"는 이들도 있지만, 현실을 돌아보면 그렇게 펄쩍 뛸 일도 아니다.

지난 5월 국내 보안행사에서 한 해커는 당뇨병 환

자에게 자동으로 약물을 투여해 주는 인슐린 펌프를 해킹, 약물을 과다 투여하는 모습을 적나라하게 보여주기도 했다. 2년 전에는 러시아인으로 추정되는 해커들이 미국 일리노이 주 상수도시설 시스템을 해킹, 펌프 작동 시스템을 파괴 한 후 흔적을 감추기도 했다. 또 미국 샌디에이고대학과 워싱턴대학 연구진은 시속 65킬로미터로 달리는 차량 주컴퓨터를 해킹, 전자제어식 제동장치를 멈추게 했다. 고속도로였다면 운전자는 아마 사망했을지 모른다.

중국에서는 최근 들어 사용자 계좌를 해킹하는 스마트폰 신형 바이러스가 급증하고 있는데, 대부분 안드로이폰이며 해킹당한 스마트폰은 1분기에만 수백만 대에 달하는 것으로 나타났다.

테크놀로지의 상징, 스마트폰이 '우리의 뇌를 태우지 못하도록' 해야한다. 그렇지 않을 경우, 우리는 스마트폰과 함께 사는 것이 축복인 동시에 저주가 되는 세상에 어정쩡하게 발을 내디딘 채 아주 힘들게 연명해야 될지 모른다.

핵무기보다 위협적인 사이버 무기

 한순간, 은행 자동입출금기(ATM)가 열린다. 지켜보고 있던 사내가 ATM에서 나온 돈다발을 순식간에 집어 들고 황급히 떠난다. 영화 속의 이야기가 아니다. 최근 카바낙이라고 불리는 해킹 그룹이 30개국 100개 이상 은행의 ATM, 전자 결제시스템 등을 통해 10억 달러, 1조 원을 빼냈다. ATM에 악성코드를 감염시켜 원격조종한 것이다. 사이버 무기 중 하나인 첨단 악성코드의 마법은 도대체 어디까지 진화할까. 아니 한계가 있기는 하는 걸까 하는 의구심마저 든다.

카바낙이 실행한 마법 같은 사이버 무기는 『천일야화』에 나오는 알리바바의 주문 '열려라 참깨'를 연상케 한다. 최첨단 악성코드나 바이러스 등 사이버 무기에 감염된 시스템은 해커의 주문에 따라 작업을 수행한다. "자료를 삭제하라" "시스템을 포맷하라" "PM 11시 정각 서울역 구내 모든 ATM기를 열어라" "핵농축시설 기능을 무력화 하라" 등 어떤 명령이라도.

3년 전 발견된 '플레임'이라는 바이러스는 사상 최악의 최첨단 사이버 무기로 알려졌다. '플레임'은 이란을 비롯한 중동 국가들의 컴퓨터에 침투, 사이버 첩보 활동을 해왔고, 2년 이상 이란의 핵 프로그램 관련 컴퓨터 등에 잠복해 있었던 바이러스. 미국과 이스라엘의 합작품이다. '플레임'은 키보드 가로채기, 자료손상, 블루투스 전송, 정보 탈취, 시설 공격 등 20여 가지의 다양한 기능을 갖추고 있다.

세계적 보안업체 카스퍼스키랩은 "이란 핵 시스템을 교란시킨 스턱스넷보다 진일보한 지금까지 발견된 그 어떤 바이러스보다 강력한 사이버 무기"라면서 "플레임을 분석하는 데 몇 년이 걸릴지 장담할 수 없다"고 밝혔다.

돈이 목적이 아닌 해커 테러리스트들의 경우, 실제 테러조직이나 정부에서 활동하고 있다. 그들은 위치나 물리적 한계를 초월, 지구 반대편에 있는 목표물과 시설, 사람 등을 타깃으로 한다. 그들이 만일 스턱스넷이나 플레임 바이러스보다 더 정밀한 무기를 개발할 수 있다면 어떤 일이 벌어질까.

특히 국가에서 전격적으로 지원하고 개발한다면 공상과학 영화에나 나올 수 있는 핵무기를 뛰어넘는 상상조차 할 수 없는 사이버 무기도 등장할 것이다. 이미 핵무기를 일부 무력화시킬 수도 있는 스턱스넷의 등장을 지켜보지 않았는가.

악성코드 시장의 30%를 점유하고 있는 '블랙홀 익스플로이트 팩'이라는 사이트는 구입자에게 악성코드 설치방법 등을 비롯해 기술적인 고객지원도 해준다. 드러나지 않은 인터넷 지하동굴에서는 이 같은 치명적인 악성코드나 바이러스 등 사이버 무기 판매 사이트에서 암암리에 거래되고 있다. 최첨단 사이버 무기는 한 국가의 경제나 사회기반 시스템에 혼란을 야기하고, 존립기반까지 위협할 수 있다. 교통, 의료, 금융, 항공, 미사일, 핵 관제시스템, 심지어 우주정거장까지 모두 컴퓨터 시스템으로 관리되고, 네트워크로 치밀하게 연결돼 있기 때문이다.

해커들은 디지털 세계를 파괴하고 혼란을 야기하는 기형적으로 변형된 괴물, 브레이크 없는 디지털 권력자가 되어가고 있다. 이를 가능케 하는 것은 궁극적으로 첨단 사이버 무기다. 백악관 기술자문위원회는 몇 년 전부터 대통령에게 "IT인프라는 대재앙의 파국을 일으킬 수 있는 계획적인 공격에 큰 취약점을 지니고 있다"고 경고해 왔다. 며칠 전 오바마 대통령은 사이버 공격을 미국 경제와 국가안보를 저해하는 위협을 주는 '국가 비상상황'으로 규정, 행정명령을 내리기도 했다.

중국, 러시아, 이스라엘 등은 이미 10여 년 전 부

터 사이버 무기를 개발해왔다. 초기 방어목적으로 대응하던 미국, 영국, 프랑스 등이 이미 정교한 첨단 사이버 공격무기를 개발하는 쪽으로 정책을 바꾼지 오래다. 외신에 따르면 미국, 프랑스, 영국 등이 만드는 사이버 무기는 디지털 사회를 파괴할 수 있는 가공할 능력을 갖추고 있다.

우리는 어떠한가. 국가기밀이 우리도 모르는 사이에 빠져나가고 있을지도 모를 일이다. 국가 기반시설에 대한 사이버 공격도 심심치 않게 벌어지고 있다. 한편에서는 한국형 스턱스넷을 하루빨리 개발, 완성시켜야 한다는 주장도 있다. 우선은 국가예산을 과감하게 투입해 양적, 질적으로 우월하고 뛰어난 화이트 해커, 사이버 전사 양성에 박차를 가해야 한다.

3차 세계대전은 사이버전이 될 것이라는 미래학자들의 말을 굳이 인용하지는 않겠다. 사이버 무기가 이미 핵폭탄보다 위협적인 존재로 우리 일상에 다가오고 있기 때문이다. 인지하지 못할 뿐, 위기는 분명히 도래하고 있다.

05
인간, 디지털 조작사회에 갇히다

실시간 검색어라는 덫

며칠 전 한 연예인과 사귄다고 알려진 여성이 실시간 검색어 1위 자리를 그것도 이틀씩이나 차지했다. 실시간 검색어는 말 그대로 순간마다 이슈가 되는 검색어지만, 대부분은 사소하고 시시콜콜한 연예인의 잡담사와 관련된 것이 대부분이다. 실검은 우리의 사고에도 적지않은 영향을 미치고 있다.

이 때문에 사색이나 창의성 등을 이끌어낼 수 있는 신경회로들은 점차 기능을 잃어가면서 생각이나 일에 집중하는데 어려움마저 겪고 있다. 생각을 통제하기도 곤란하다. 선정적이고, 단편적인 것에 익숙한 요즘 세대들에게 실시간 검색어는 뇌를 멍청하게 만드는 낚시밑밥과 다를 게 없다. 실시간 검색어가 끄집어내놓는 달콤한 자극이 담긴 이야기들은 삶의 깊이와 창의력, 독창성을 활성화시키는 뇌의 신경세포나 시냅스의 활동을 둔화시킨다.

신경학자들은 뇌의 한쪽 부분만 사용하면 다른 부분은 쇠퇴해간다고 지적한다. 그렇기에 생각하게 하는 글이나 긴 글을 읽는 것은 고역이다. 좀 더 생각하자니 머리가 아프고, 조금 긴 글이 인터넷 게시판에 실리면 세 줄로 요약하는게 네티켓이 되어 버렸다. 실례로 긴 글을 작성할 경우에는 스압(스크롤 압박)이라고 제목 옆에 표시를 해주기도 한다.

굳이 스티브 잡스를 들지 않더라도 세상을 움직이는 사람들의 공통점인 독창성이나 창의력은 깊은 사색과 꾸준한 독서를 통해 이루어졌다. 더 나아가 하나의 일에 집중할 수 있는 그들의 집중력은 우리 삶의 역사를 발전시키는 원동력이 되어 왔다.

누리꾼들은 포털의 맨 처음 화면에 마주하는 실시

간 검색어를 클릭하는 게 일상처럼 돼 있다. 그들은 실시간 검색어라는 얕고 평평한 세계에 갇혀버리게 될지도 모른다. 특히 수익창출을 위한 일부 인터넷 언론과 관련 사이트, 일부 블로거들의 낚시질은 이를 더욱 부추기고 있는 상황 이다.

정작 필요한 정보나 뉴스는 연예인 가십이나 스캔들과 같은 선정적이고 자극적인 기사에 묻혀 뒷전에 밀리기 십상이다. 히트 수를 늘리기 위한 블로거들의 실시간 검색어 1위 관련기사의 짜깁기에 비하인드 스토리까지 덧붙여서 더 자극적인 콘텐츠는 계속 만들어진다. SNS 상에서는 관련 이야기들이 갑작스러운 주제로 떠돌아다니면서, 빠른 속도로 무차별 확산된다.

악순환은 계속된다. 일부 신문들 역시 야한 사진이나 선정적인 기사를 메인 화면에 전진 배치시키고 누리꾼을 유혹한다. 파워블로거가 되면 상품도 협찬 받고, 적지 않은 광고 수익도 올릴 수 있기에 경쟁은 심해져간다.

인터넷 포털은 우리 문화에 지대한 영향력을 끼치고 있다. 특히 네이버 같은 거대 공룡 포털은 2017년 현재 시장의 80%를 장악하고 있을뿐더러 광고 수입만 2조 6,000억 원을 넘어 신문사는 물론 KBS와 SBS 등의 방송사 광고 수익을 합친 것보다 많다. 정보공유와 민주사회의 상징인 인터넷 공간이지만 이쯤되면 네이버에 공영성을 강조해도 무리는 없을 것이다.

'뉴스위크'는 인터넷이 등장하면서 백과사전, 비디오, 편지 등과 함께 특히 집중력, 예의, 프라이버시 등을 빼앗아갔다고 지적했다. 인터넷 포털의 실시간 검색어야 말해서 무엇하겠는가. 현대인들은 특별한 일이 없어도 늘 인터넷에 접속돼 있고, 꼭 필요하지 않음에도 늘 접속상태를 유지한다. 게다가 접속하자마자 우리 생활에 별다른 도움이 되지 않을 포털 네이버 실시간 검색어 클릭으로 시작되는 일상. 그것은 어쩌면 실시간 검색어라는 덫에 걸려 있다는 것도 자각하지 못하는 처량한 디지털 인류의 자화상일지 모른다.

세상은 복잡해지고, 테크놀로지는 놀라울 정도로 발전하고 있지만 우리 아이들의 생각은 단순화하고 있다. 결국 우리의 뇌는 선정적이고 말초적인 실시간 검색어에 길들여져 창의력, 독창성, 깊은 사고를 할 수 있는 뇌의 기능을 점차 잃어가고 있다. 실시간 검색어가 가져다주는 달콤함에 빠져 덫에 걸린 것도 모른 채, 우리가 무엇을 잃고 살아가는지 한 번 생각해 볼 때이다. 깃털처럼 가벼운 뇌를 가진 새로운 세대가 등장할지 누가 알겠는가.

네이버와 여론조작

　네이버 뉴스 편집 재배치로 인해 검색 등 네이버 서비스의 공정성에 대한 신뢰는 사실상 거의 무너졌다. 네이버가 지금의 네이버로 자리잡게 된 것은 이해진 창업자와 직원들의 능력이 뛰어났기 때문만이 아니다.

　아무런 보수도 받지 않고 네트워크에 기여한 수백만 명의 사용자에게서 비롯된 것이다. 네이버 성장의 견인차가 된 지식인 서비스 역시 누리꾼들 덕분이었다. 그럼에도 네이버는 기득권이 되면 한순간에 권력과 재벌의 편이 되어 동업자 의식을 갖는 우리 사회

추악한 일면을 그대로 보여주었다. 그들을 키워준 국민과 누리꾼들을 배신한 것이다. 게다가 기사 재배치 조작이 스포츠에 한정됐다고 말하는 것은 손바닥으로 하늘을 가리려는 작태다.

왜 우리는 네이버의 기사 재배치에 이토록 분개하는가. 네이버는 대한민국의 생각과 인식을 움직일 수 있을 정도의 거대한 영향력을 갖추었기 때문이다.

몇 년 전 나는 한 자영업자가 보낸 하소연을 잊지 못한다. 홈페이지를 만들고, 사이트 등록을 했지만 네이버에서 검색이 잘되지 않는다는 하소연이었다. 그는 네이버 고객센터에 수차례 연락과 문의를 했지만 몇 개월이 지나도 아무런 연락이나 답변을 듣지 못해 상심해 있었다.

넉넉한 형편이 아닌 것 같아 돈만 내면 초기화면에 실어주는 네이버 파워링크를 굳이 이야기하지는 않았다. 그는 무시와 냉대를 받은 것이 너무 억울해서 네이버 본사 앞에서 분신하고 싶은 생각이 들 정도라고 털어놓았다. 약자에게는 이처럼 무례한 네이버가 권력과 재벌에는 어떤 태도를 보여 왔는가.

지난 7월 모 신문사가 검찰·특검 수사자료를 입수해 보도한 '삼성이 이재용에게 불리한 기사의 포털 노출을 막았다'는 기사에는 삼성의 한 임원이 장충기 전 미래전략실 사장에게 보고 형태로 보낸 문자메시지가 나온다.

(네이버와 다음) 양쪽 포털사이트에 미리 협조요청을 해 놔서인지 조간 기사가 전혀 노출되고 있지 않다. 포털에 노출되지 않아 댓글이 퍼지고 있지 않은 추세. 기껏해야 댓글은 10여 개. 이 문자 메시지는 많은 것을 시사한다. 물론 네이버는 사실이 아니라고 부인했고, 삼성 역시 "담당 임원이 자신이 네이버에 부탁한 게 반영된 것으로 알고 잘못 보냈다"고 해명했다.

하지만 그렇다 해도 부인할 수 없는 사실이 있다. 우선 삼성과 유기적인 관계를 맺고 있다는 것이다. 이는 "미리 협조를 요청해서인지"라는 대목에서 알 수 있다. 더 이상 무슨 말이 필요한가.

또 포털에 노출되지 않을 경우 기사의 가치나 중요성과 상관없이 댓글이 붙지 않는다는 사실이다. 그것은 뉴스의 가치나 뉴스를 생산한 신문사나 기자, 칼럼니스트가 누구냐 하는 것과도 상관 없다. 오로지 메인화면에 노출되느냐 그렇지 않느냐 하는 것이다.

모바일, 즉 스마트폰을 통한 뉴스 소비가 추세인 상황에서 소비자들은 네이버 초기화면에 뜨는 오로지 5개의 뉴스에서만 선택할 수 있다. 쉽게 말해서 네이버 편집자가 메인화면에 뽑은 기사는 대체적으로 이용자들이 많이 본 뉴스가 되며 동시에 댓글이 가장 많이 달리는 기사가 된다.

만일 네이버가 검색조작이나 편향적인 기사편집과 재배치에서 투명하고 공정하게 통제하고 있었더라면 부패한 정권이나 세력들은 오래가지 못했을 것이다. 산처럼 드러나고 있는 적폐양산의 또 다른 공범자가 아닌가 하는 의혹을 받는 것도 이같은 이유다.

지금의 네이버 뉴스 서비스는 어떤 면에서 언론

위에 군림하는 '옥상옥'이다. 네이버는 알고리즘 운운하면서 검색과 뉴스 배치에 시스템이 개입돼 있어서 공정성을 기하고 있다고 주장했다. 하지만 치명적인 시스템의 오류보다 더 치명적인 인간의 손이 개입하고 있었다.

대부분의 국민들은 이번 스포츠 기사 재배치 조작 사건이 그저 빙산의 일각이라고 믿고 있다. 네이버가 언론사들이 만들어준 기사를 자기 입맛대로 주무르면서 권력이나 재벌들과 밀착관계를 이어온 게 아니냐는 의혹 역시 끊이지 않는다.

뉴스 서비스 외에 검색조작 문제도 네이버가 넘어야 할 산이다. 독재정권은 담론을 만들어, 즉 의미를 생성해내고 그것을 사회구성원들에게 무의식 혹은 의식적으로 강제로 주입시켜왔다. 실시간 검색어의 경우 사회구성원들의 생각과 관심까지 조작할 수 있다. 검색은 인터넷과 현실 세계에서 우리의 생각에 큰 영향을 미치고 있다. 때로는 우리의 인식 범위를 결정하기도 하고, 행동에도 큰 영향을 미친다. 이는 책이나 영화, 병원, 학교, 디지털기술 등을 평가하고 순위를 매기기 때문이다.

네이버는 그동안 한 번도 정부당국의 요청으로 실검을 삭제한 적이 없다고 밝혔다. 물론 이 바닥 사정을 알고 있는 사람이라면 이 말을 곧이 믿는 사람은 없다. 그동안 검색결과나 조작된 실시간 검색어에 대한 제보가 쏟아졌다.

네이버의 이번 기사 재배치는 화면조작을 한 일종의 피싱에 가까운 범죄라 할 수 있다. 정보 교란행위다. '악해지지 말자'는 구글은 한국에서 1조 원 이상의 매출을 올리면서도 한 푼의 법인세도 내지 않고 있다. 서버를 두지 않는다는 구차한 변명을 하면서.

초심을 잃은 구글의 철면피 행각, 구글을 떠올리면서 네이버가 오버랩 되는 이유는 무엇일까.

스크린 속에 갇힌 인간

 외로운가. 트위터에서 5,000여 명의 팔로어를 거느리면 기분이 나아질까. 5달러면 가능한가. 트위터가 요새 한물가서 별 재미가 없다면 페이스북은 어떤가. 1만 명, 그게 부족하다면 10만 명도 가능하다. 소셜미디어라는 사이트에 들어가면 150만 원에 10만 명을 건네준다. 요즘 한창 인기 좋은 인스타그램은 어떤가. 400만 원 정도면 100만 대군도 거느릴 수 있다. 물론 모니터 밖으로 불러낼 수는 없다.

 발신번호를 알리고 싶지 않은가. 스마트폰 스크린 조작도 가능하다. 폰스푸핑(spoofing)을 해주는 기업들의 사이트나 앱을 이용하면 자신이 원하는 전화번호를 입력, 발신 전화번호를 바꿀 수 있다. 때로는 범죄자들이 자주 이용하기도 한다. 주거래 은행 담당자인 척하며 보안정보를 빼내기도 한다. 국세청을 사칭해 연체된 세금 과징금까지 내지 않으려면 신속하게 계좌이체를 하라고 엄포를 놓는다.

스크린이 중재하는 삶, 그것이 우리의 현실이다. 스마트폰을 넘어 웨어러블기기가 일상화되면서 손목, 안경, 콘택즈렌즈, 옷에도 스크린이 부착되고 있는 형편이다. 공항, 병원, 은행 ATM에서 쉽게 마주친다. 주식시장에는 시장을 앞서 달리는 극초단타 중개인이 있는데 그들은 시간과 스크린을 조작한다. 그는 중개인의 스크린에 나타나는 실시간 주식시장 데이터와 그들이 통제하고 장악한 현실 사이를 파고든다. 초고속 컴퓨터로 다른이의 주문을 간파해 해당 주식을 구매하고자 한 사람보다 0.005초 빨리 매입해서 더 비싼 가격으로 되팔아 수십억 달러를 벌어들인 사례와 기법도 있다.

우리는 컴퓨터가 가리키는 방향으로 무의식적으로 따라가며 이것을 진실로 받아들인다. 컴퓨터에 있는 데이터가 스크린을 통해 나올 때 그것은 곧 진실이 된다.

영국 범죄기록국에서는 데이터 오류로 2만 명 이상의 평범한 시민이 범죄자로 등록됐다. 이로 인해 희생양이 된 이들이 직장을 잃는 것은 물론 평판에 치명상을 입어 사회로부터 고립되고 삶을 포기하는 상황이 벌어졌다.

우리가 믿었던 스크린이 데이터의 오류나 조작자의 실수로 돌이킬 수 없는 일이 벌어진 것이다. 부정확한 데이터가 입력된 스크린에 의존하게 되면 세상은 혼돈에 빠지게 될 것이다.

필터 버블과 검색엔진 검열, 국가차원의 방화벽 등은 스크린을 통해 우리가 바라보는 것들을 왜곡시킨다. 해커와 범죄자, 테러리스트, 독재정권은 스크린에 나타나는 정보를 조작하기 위해 데이터시스템 속으로 침투할 것이다.

그들은 실제 세상과 우리가 보는 스크린 사이에 교활하게 끼어들어서 데이터에 대한 전면 공격을 하게 될 것이다. 교도소, 경찰, 은행, 주식거래 뉴스 사이트 등은 언제든지 쉽게 해킹당할 수 있다. 그것이 사실만을 보여줄 것이라고 생각하는 것은 어리석다. 스크린 무한신뢰 시대에 범죄유형은 다양해지고, 새로운 살인기술마저 등장하고 있다.

우리는 시간이 지나면서 더욱 촘촘하게 연결되고 있다. 더 의존적이고 위태로워지고 있다. 대부분의 시스템은 한순간에 침투당하고 바이러스와 랜섬웨어는 기하급수적으로 늘어나고 있다. 시스템 관리자는 때로는 침입자가 침투한 지 6개월 혹은 1년 아니 5년 뒤에 사실을 알게 되기도 한다.

스크린에 살고 있는 유령은 지속적으로 가상이나 조작된 세계를 만들고 있다. 전 세계 군사 및 정보 분야에서 활동하는 요원들은 스크린을 조작하고 기만하기 위해 소셜미디어로 모이고 있다.

5년 전 미국 중부사령부는 캘리포니아의 한 업체

와 수백만 달러의 계약을 맺고 온라인상에서 가공인물을 내세웠다.

　소셜미디어에서 여론을 조작하거나 대화의 흐름을 주도하고 미국에 찬성하는 주장을 널리 퍼뜨렸다. 이집트, 말레이시아, 베네수엘라를 포함한 전 세계 22개 국가가 똑같은 방법으로 정치적 목적을 달성하기 위해 소셜미디어를 조작 중이라고 한다. 디지털시대 우리의 모든 삶은 컴퓨터 기술과 스크린에 의해 거의 전적으로 이루어지고 있다. 허약하고 쉽게 감염되는 스크린 속의 코드는 몹시 취약하다. 대비하고 준비해야 한다. 그렇지 않으면 우리가 스크린에 먹혀버리게 될지 모른다.

'트루먼 쇼'인가 현실인가

플로리다 주에 사는 한 청년은 아무래도 이상한 느낌을 지울 수 없었다. 프로그래머인 그의 휴대폰과 인터넷에 누군가 접근했던 흔적이 남아 있는 것을 확인했다. 게다가 누군가로부터 감시 당하고 있는 듯한 느낌도 받았다. 그는 주위에 고충을 토로했다. 문자메시지, 검색기록, e메일, 친구 목록, 위치정보 등이 새고 있고, 통화내역이나 은밀한 사생활을 누군가 지켜보고 있다고.

동네 사람들은 멀쩡하던 그가 음모론적 편집증에 빠졌다고 수군댔다. 순식간에 이상한 사람으로 취급

받았다. 하지만 놀랄 만한 반전이 일어났다. 양심적인 경찰에 의해 그의 말이 사실이라는 게 밝혀진 것.

청년은 감시당하고 있었다. FBI가 이 지역에 가짜 기지국을 세웠고, 지역 경찰은 그 동안 기밀유지서약에 사인을 한 상태였다.

우리는 현실이나 영화 속에서 때로 자신이 살고 있는 세계가 가짜라고 의심하면서 살아가는 편집증 환자들을 만날 때가 있다. 그들은 누군가 자신을 쫓아다니고, 감시하고 있다는 생각에 사로잡혀 살아간다. 우리는 그들이 일종의 정신병을 앓고 있고, 음모론에 빠져 환상 속에 살아간다고 믿고 있다.

하지만 정보사회를 살아가는 이 시대에 이같은 편견은 틀렸다. 우리는 함부로 어느 누구를 편집증이나 피해망상증에 빠졌다고 단정 지어서는 안 된다. 누군가 가짜 기지국을 만들어 놓거나 혹은 생각지도 못한 첨단도구를 활용해 우리의 일상을 추적하고 감시하고 있기 때문이다. 그것은 환상이 아니라 일상에서 벌어지는 현실이다.

이미 중국산 TV나 충전기, 스마트폰 등에서는 감시를 가능케 하는 멀웨어가 발견된 사례가 있다. 영화 〈트루먼쇼〉의 거대한 세트 위에 가짜 세계에서 살아가는 보험회사 직원처럼, 현실이라는 무대에 자연스럽게 놓인 모든 도구들이 감시도구화 된다는 상상을 해보시라.

첨단기술로 둘러싼 세상이 결국은 인간을 옭아 매기 위한 방향으로 진행되고 있는 것은 아닌지 우려스럽다. 제4차 산업혁명, 사물인터넷, 인공지능, 빅데이터 시대에 우리들은 거대한 정보수집 세트들에 둘러싸이게 될 것이다. 생각만 해도 숨이 턱 막혀온다. 사물인터넷이나 인공지능 로봇들, 빅데이터 컴퓨터들은 한순간도 쉬지 않고 진공청소기가 먼지를 빨아들이듯 주변에 있는 모든 정보를 빨아들이고 수집해 나갈 것이다.

NSA의 감시와 도청은 강박관념처럼 보인다. 디지털 혁명이 이끌어 가는 다음 세계에서도 미국이 주도권을 쥐고 전 세계를 이끌어 가야한다는 강박 말이다. 보안보다는 감시에 더 큰 관심을 보인다고 전문가들이 지적하는 것도 이 때문이다. NSA는 감시프로그램을 통해 마이크로소프트, 야후, 구글, 페이스북, 유튜브 등의 데이터 서버에 접근했다.

그후 서비스 이용자의 e메일, 여행일정, 신용카드 거래내역, 위치정보 등을 되는 대로 들쑤셔 놓았고, 닥치는대로 수집했다. 구글이나 페이스북, 유튜브 사용자들에게 무차별 접근했다는 것은 전 세계 시민들의 사생활과 신상정보가 그들 손아귀에 모두 들어 있다는 것이다.

모든 일상이 그들에 의해 감시당하고 있듯이 NSA는 이외에도 취약점을 발견하거나 사들여서 표적컴퓨터를 감청한다. 마이크로소프트사 스카이프 같은 전 세계인들이 사용하는 소프트웨어에 백도어를 심기도 한다. 중국도 해킹과 감청 소프트웨어, 첨단 도구 등을 통해 미국과 맞서고 있다.

한때 그리스 총리, 국방부 장관, 외무부 장관, 법무부 장관 등 정부 인사 휴대폰 100여 개가 도청을 당했다. 비슷한 일이 이탈리아에서도 벌어졌다. 독일, 브라질에서도 마찬가지였다. 이 같은 경쟁에서 그저 사이보그나 기계로 인식될 뿐이다. 인간은 그렇게 폐허가 되어가고 있다.

미래에 인간은 어떤 모습과 마주하게 될까. 아이들은 태어나면서 스마트폰과 마주한다. 아이가 우는 것을 달래기 위한 가장 좋은 장난감은 스마트폰이다. 우리는 더 이상 책을 읽지 않는다. 모든 정보는 인터넷에 저장돼 있다. 스마트폰은 또 다른 뇌이며 휴대 간편한 제2의 기억장치다.

스마트폰은 곧 인간의 몸으로 들어오게 될 것이다. 철학을 뛰어넘는 일본 애니메이션 영화〈공각기동대〉의 등장인물처럼 우리의 뇌는 네트워크에 연결돼 사이보그로 전락할 가능성이 높다. 네트워크로 연결된 사이보그에게 사생활 침해나 프라이버시에 대한 고민은 존재하지 않는다. 공유가 미덕인 사회가 될 것이고 개인의 가치는 의미를 잃게 될 것이다.

〈공각기동대〉는 대놓고 "자신을 제약하는 인간성

과 정체성을 버리라"고 말한다. 영화는 현실의 인간을 잘 묘사하고 있다. 닮았다. 껍데기가 된 인간들, 인형이 된 인간들, 이미 프로그램화된 인간들이 줄을 지어 행진하고 있는 〈공각기동대〉의 한 장면은 영혼을 상실한 암울한 우리의 미래다.

그것은 인간을 지배하려는 NSA를 비롯한 정보기관들의 무차별 감시 프로그램 작동으로 인해 폐허가 된 사람들이 군집한 편집증 사회의 단면이기도 하다.

선거판을 뒤흔드는 해커

 총선을 얼마 남겨두지 않은 상황에서 콜롬비아 출신 세풀베다라는 한 해커의 행각이 눈길을 끈다. 그는 멕시코 대선 당시 대통령의 경쟁 후보 2명의 선거본부 컴퓨터에 악성 소프트웨어를 설치해 회의 내용, 연설 초안 등 주요 정보를 빼냈다. 도·감청을 통해 약점이나 비리를 언론에 흘리기도 했다. 3만여 개의 가짜 SNS계정을 운용하면서 여론조작을 하기도 했다.
 그는 동시에 베네수엘라 등 중남미 9개국에서도 경쟁 후보에게 비슷한 방법을 써 의뢰인을 대통령에 당선시키는데 큰 기여를 했다. 세플베다의 중개자인

정치컨설턴트는 현재 진행 중인 미국 대선에서 한 주요 대선주자 선거캠프에서 활동하고 있다고 한다. 10년 형을 받고 복역 중인 그를 뒤로하고 새로운 해커를 구한 모양이다. 정보와 데이터로 이루어지는 사회로 재편되는 과정에서 필연적으로 등장한 해커가 종횡무진하는 모습은 어쩌면 당연한 일인지 모른다.

국제 탐사보도 언론인 협회가 폭로한 파나마 로펌 '모색 폰세카'의 대규모 내부문건은 대부분 e메일로 구성된 것이었다. 해커가 '모색 폰세카'를 노렸고, 결국 해킹된 e메일을 탐사협회에 제보했을 가능성이 높다. 이 문서에는 푸틴, 시진핑, 캐머런 영국 총리는 물론 메시와 청룽 등이 포함돼 있다. 탈세자나 부정축재자들이 드러난 것은 다행스러운 일이다.

해킹은 이제 삶의 일상이 되어버렸다. 필자는 가끔 해커가 되고 싶다는 젊은이의 e메일을 받는다. 하지만 질문과 글의 정서에서 묻어나오는, 해커가 되고 싶은 그들의 의도는 안타깝게도 오로지 돈을 벌기 위한 수단에서의 궁금증인 경우가 대부분이었다. 해커와 보안에 대한 관심이 높아지는 것은 반가운 일이지만, 가끔씩 자신을 제대로 밝히지도 않고 던지는 "해커가 되려면 어떻게 해야 하나요?"라는 어딘가 당당하지 못하고 숨겨진 의도가 묻어나오는 질문을 들을 때는 마음 한 구석이 불편하다.

보안업계에서는 '해킹당한 것을 아는 기업'과 '해킹당한 것을 알지 못하는 기업' 외에 '해킹당한 것을 숨기는 기업' 하나가 더 생겼다는 우스갯소리가 있다.

JP모건은 지난해 해킹공격으로 8,300만 건의 개인정보가 유출됐지만 수개월이 지나도록 고객들에게 이를 숨기기도 했다. 대만의 대형 은행 중 한 곳이 수천만 달러가 해킹 당했음에도 이 사실을 숨겨온 것이 최근에서야 밝혀졌다. 은행만을 타깃으로 하는 '카바낙'이라는 해커집단이 미국, 영국을 비롯해 유럽 등 전 세계 100여 개 은행에서 10억 달러를 훔쳤다는 사실이 밝혀진 것 역시 유명 보안업체 카스퍼스 크랩이 공개한 이후였다. 해킹 피해 사실을 숨기는 이유는 간단하다.

특히 은행의 경우 그 자체로 신뢰에 타격을 입고 고객 예치금이 썰물처럼 빠져나가게 될 것이기 때문이다. 해커들은 이 같은 약점을 교묘하게 이용하고 있다. 도박이나 마약, 성매매 등 범죄 관련 사이트 등이 주요 타깃이 되는 것도 피해를 당해도 신고할 수 없는 약점 때문이다. 온라인 상의 해킹범죄는 초보들에게까지 확산되고 있다. 다크 웹이나 인터넷 사이트 등에서 판매되는 해킹툴이 스크립트 키드 수준의 해커도 이를 가능케 하고 있다. 범죄의 온상이 되기도 하는 다크웹에서 거래 되는 해킹툴은 쇼핑몰의 품목만큼 다양하다. 보안업계에 가장 골칫거리인 랜섬웨어, 그것마저도 초보자들이 다룰 수 있도록 다크웹 암시장에 나온 랜섬웨어 키트는 한 달 렌트비용이 1,000달러 정도다. 해킹 문외한이라도 뚝딱 해킹을 해치울 수 있는 해킹툴 '익스플로잇 키트'나 도난 신용 카드 크리덴셜 등은 10달러에서 100달러 정도면 구입이 가능하다. 게다가 온라인 은행계좌 등은 잔액 규모에 따라 천차만별의 가격으로 판매되고 있다. 이 정도면 '우리도 한 번'이라는 유혹에 빠지기 쉽다. 미국, 러시아 등에서는 이미 수년 전부터 해킹이 체계적으로 비즈니스화하고 있다. 사업자등록을 하고 일반 벤처기업처럼 실리콘밸리의 사무실을 빌려 마치 보안솔루션업체나 보안컨설팅업체로 위장, 해킹 비즈니스를 하는 해커들이 점차 늘고 있다.

행복할 줄로만 알았던 미래가 난감하게 우리를 옥죄어오는 현실이 때로는 영화 〈매트릭스〉 안에서 꿈을 꾸는 네오를 연상케 한다. 보이는 건 진실이 아닐지 모른다. 우리가 마주하는 현실 말이다.

배후에 해커 같은 세력이 언제든지 현실을 왜곡하고 조작할 수 있기 때문이다.

대통령선거와 네이버

헌법재판소는 대통령 파면을 결정했다(2015. 3). 광장의 사람들은 일상으로 돌아갔다. 대통령 선거가 두 달도 채 남지 않았다. 후보들이 저마다 사이버 공간으로 들어오고 있다. 포털, 소셜미디어를 중심으로 대선캠프가 움직이고 있다. 그곳이 작전의 중심이 되고 있다. 캠프마다 여론을 주도해야 할 '댓글알바'를 암암리에 모으고 있을 것이다.

언론과 소셜미디어 등을 통해 무차별 살포할 상대 후보의 치명적 약점도 준비하고 있을 것이다. 사이버 전사들의 여론몰이는 후보의 당락에 크게 영향을 미칠 수도 있다. 미세한 변화나 작은 사건이 예상하지 못한 엄청난 결과로 이어지는 나비효과를 굳이 언급하지 않는다 해도.

미국 대선에서는 힐러리 클린턴을 검색할 때 단어 자동완성 기능에 대한 문제가 제기됐다. 야후와 빙(Bing)에서는 힐러리 클린턴이라는 단어 뒤에 'cri'를 입력하면 crime(범죄), criminal(범죄자) 등의 단어가 차례로 나타났다. 하지만 구글에서는 범죄 관련 단어는 제시되지 않았다. 이 때문에 클린턴을 검색할 때 불리한 말이 표시되지 않도록 조작하고 있다는 의혹을 받았다.

한편 구글의 이 같은 여론조작이 투표 결과에 적지 않은 영향을 미친다고 설명했다. 구글의 전 최고경영자(CEO) 에릭 슈미트는 클린턴 지지자로 잘 알려져 있기에 해명에도 불구하고 트럼프 지지자들은 구글이 편파적 조작을 하고 있다고 성토했다.

한국으로 이야기를 돌려보자. 검색시장의 70%를 장악하고 있는 네이버는 검색자들에게 어떻게 인식

되고 있는가. 네이버는 실시간 검색어 조작으로 여러 차례 도마에 오르곤 했다. 얼마전 인터넷자율정책기구(KISO) 검증위원회가 공개한 보고서에는 네이버가 2012년 '법령이나 행정·사법기관의 요청이 있을 때' 특정 키워드를 실시간 검색어 순위에서 제외할 수 있는 내부지침이 있는 것으로 밝혀졌다.

사실상 조작이 가능하다는 이야기지만 네이버는 한 번도 정부당국의 요청으로 실검을 삭제한 적이 없다고 밝혔다. 물론 이 바닥 사정을 알고 있는 사람이라면 이 말을 곧이 믿는 사람은 없다. 네이버는 지난해 매출 4조 원에 영업이익 1조 원을 기록했다.

네이버를 거치지 않고서는 성공하기 힘들다는 한탄이 나오는 것도 이 때문이다. 마치 구글이 전 세계에서 무차별적 영향력을 행사하듯 네이버는 국내 시장의 독점적 지위를 확보하고 거대공룡이 되어가고 있다.

만일 이런 네이버가 대선에서 특정 후보를 당선시킬 목적으로 검색 조작에 깊숙이 개입한다고 가정해

보자. 특정 후보를 위해 대부분의 부정적인 검색 결과를 배제한다. 또 검색 결과 중에서 첫 페이지와 두 번째 페이지에는 긍정적인 내용들이 담긴 링크를 배치한다. 부정적인 내용의 링크는 세 번째 페이지부터 배치시킨다. 이용자 중 대다수는 세 번째 페이지 이후에 나타난 검색 결과는 거의 읽어보지 않는다. 상대방 후보자를 실검으로 조작해 클릭을 유도하고, 약점과 부정적 내용이 담긴 링크로 유도한다.

미국 심리학자 앱스타인은 "부정적인 검색어가 나오면 클릭수가 두 배나 늘어날뿐더러 선거에서 표를 행사하는데 영향을 미친다"면서 "수십 만에서 300여만 유권자의 표심을 바꿀 수 있다"고 말했다. 이에 의구심을 품은 상대편 진영이나 누리꾼들이 의혹을 제기하겠지만, 네이버가 검색 알고리즘을 공개할 필요는 없다. 검색 알고리즘을 공개하는 것은 기술을 공개하는 것이고, 이는 영업비밀을 공개하는 것과 다르지 않기 때문이다. 구글이 때로는 편파적인 검색 결과가 나온다고 해서 이제까지 검색 알고리즘을 공개한적은 없었다. 네이버도 마찬가지로 검색 알고리즘을 공개하지는 않을 것이다.

부득이하게 공개한다 해도 오히려 해커들이 침투해서 검색 순위를 조작하는 등 부작용이 벌어질 가능성이 높다. 검색은 인터넷과 현실 세계에 대한 우리의 생각에 대대적으로 영향을 미치고 있다. 때로는 우리의 인식 범위를 결정하기도 하고, 행동에도 큰 영향을 미친다. 이는 책이나 영화, 병원, 학교, 디지털기술 등을 평가하고 순위를 매기기 때문이다.

우리는 최근 들어 영화에서나 볼 수 있는, 아니 그보다 더 비현실적인 현실과 마주하며 살아가고 있다. 나는 음모론자는 아니다. 지극히 평범한 현실주의자다. 시민사회와 누리꾼 등이 매의 눈으로 혹시 조작된 검색 결과나 실시간 검색어, 알바댓글 등이 있는지 지켜보고 감시해야 한다. 사소한 댓글이나 여론조작, 네이버의 검색조작 등으로 역사가 바뀔지 모른다. '아직도 그런 일이 가능할까? 4차 혁명을 바라보는 첨단 IT시대에 그게 말이나 돼?'라고 의문을 던질지도 모른다. 그렇기 때문에 더 쉽게 벌어질 수 있다. 사이버 공간에서 거대한 시스템에 의해 조작된 여론에 영향을 받아 자격 없는 대통령을 선출하게 된다면 우리는 또 얼마나 위험하고 불행한 미래를 맞게 될 것인가.

여론조작에 뛰어든 챗봇

버락 오바마 미국 대통령 재임 시절 AP통신은 공식 트위터 페이지에 다음과 같은 뉴스를 올린 적이 있다. "백악관에서 폭발이 일어나 오바마 대통령이 부상을 입었다." 200만 명에 달하는 팔로어가 곧바로 리트윗을 했고 전 세계는 경악했다. 월스트리트는 즉각 반응했고 다우지수는 144포인트 급락했다. 3분 만에 한국돈으로 155조 원이 증발했다.

가짜뉴스 확산으로 페이스북과 구글은 허위선전의 통로가 되고 있다. 이들은 특정 키워드 등에 반응하는 댓글 프로그램이나 클릭수를 늘리는 프로그램까지 활용하면서 선거 여론조작에 가담하기도 했다.

앞에서 언급한 AP통신 해킹 역시 가짜뉴스의 또 다른 사례다. AP의 허위보도 사건은 알고리즘이 월스트리트에서 미친 듯이 날뛴 첫 사례도 아니고 마지막도 아닐 것이다. 수백만 분의 1초 단위로 분석이 이뤄지고 속도가 빨라지는 세상에서 알고리즘이 잘못된 궤도에 진입할 경우 우리가 실질적으로 개입할 여지는 거의 없다. 디지털 기술혁명에 힘입어 우리는 편안하고 안락한 생활을 하고 있지만, 모든 것이 네트워크로 연결되었기에 태생부터 심각한 취약점을 안고 있다.

얼마 남지 않은 대선 투표 당일 디도스 공격 등으로 인터넷이 마비된다거나 선거관리위원회가 해킹당할 수도 있다. 투표 마감을 2~3시간 앞두고 불순 의도를 가진 세력이 언론사를 해킹해 특정 후보에 대한 흑색선전을 사실처럼 속보로 내 보낸다면, 치명적이고 위험한 결과를 초래할 수도 있다.

지난해 미국 대선에서는 가짜뉴스가 트럼프 당선

에 적지 않은 영향을 끼쳤다. 트럼프는 선거기간 내내 언론, 여론조사, 경선 시스템 등이 조작됐다며 불만을 토로했다. 하지만 일부 극우세력이나 백인 우월주의자들은 가짜뉴스를 양산했고, 트럼프는 이를 유세에 이용했다. 옥스퍼드대 연구팀은 대선 기간 동안 트럼프 측의 챗봇이 힐러리 클린턴 측에 비해 5배나 많은 허위주장과 허위사실을 유포했다고 밝혔다. 전문가들은 트럼프 당선의 숨은 공신은 백인 우월주의자 등 극우세력들이 페이스북을 통해 배포한 가짜뉴스와 허위사실을 유포한 인공지능 챗봇들이라고 밝힌다.

챗봇은 초보 수준의 인공지능이지만 점차 발전하게 되면 여론 형성에 큰 변수, 아니 상수가 될 가능성이 있다. 챗봇은 페이스북, 트위터 등에서 댓글달기, 트윗하기, 리트윗하기, 회신하기, 다른 계정 팔로잉하기를 했다. 몇 년 전 불륜사이트 애슐리 매디슨 회원 3,700만 명의 개인정보가 해킹됐는데 이때 공개된 5%의 여성 회원 가운데 상당수가 실제 인간이 아닌,

챗봇인 것으로 밝혀졌다. 하지만 남성들은 챗봇을 실제 여성으로 착각하고 돈을 내면서 대화를 했다. 챗봇이 사람들을 속일 가능성은 항상 존재한다. 이번 대선에도 정보기관이 행여 사람인 척 행동하는 챗봇들을 소셜미디어에 풀어놓고, 여론조작을 위한 글과 댓글을 써나가고 있지나 않은지 걱정스럽다. 대부분은 이것이 인공지능이 운영하는 가짜 계정이란 것을 눈치채지 못한다.

MIT 테크놀로지 리뷰에 따르면 트위터의 모든 선거 관련 게시물의 20%가 챗봇에서 나온 것으로 나타났다. 애슐리 매디슨 남성 회원들이 그랬듯이 챗봇 여부를 가려낸다는 것은 쉽지 않다. 이 때문에 수백만 명의 지칠 줄 모르는 챗봇이 채팅에 참여할 때 온라인 대화의 지형은 쉽게 왜곡될 수 있다. 또 챗봇은 사회정치적 담화를 순전히 숫자게임으로 왜곡시키는 데 사용되기도 한다. 페이스북의 '좋아요' 클릭이 그런 사례다. 숫자가 많으면 우리는 주눅들어 버린다. 논쟁을 사실과 가치나 건전성 등에 기준을 두지 않고 단순히 숫자로 환산해 버리는 우를 범하고 있다. 클릭수는 아주 기초적이고 쉬운 조작방법이다. 게다가 이 같은 단순 논리는 결국 디지털 세계의 기초적인 셈법과 가치관을 대변하기도 한다.

챗봇의 위험성은 여기에 있다. 잘못된 데이터를 분석하면 잘못된 결과물이 나올 수 있다. 챗봇이 데이터를 수집하고 빈도와 사용 맥락을 분석해 내놓은 답은 30점짜리일 수도 있다. 데이터 선별 과정에서 윤리문제와 대응 변수의 복잡성에서 오는 위험에 더해 챗봇 학습 과정에서 가치판단 등이 왜곡된다면 결국 챗봇은 인터넷 환경을 더럽히고, 여론을 조작하고, 심지어 괴물을 지도자로 만드는데도 영향을 끼칠 것이다.

드루킹의 댓글조작과 매크로

얼마전 나훈아의 '2019청춘어게인' 콘서트 표가 중고거래 사이트에서 3배 가격인 48만 원에 거래됐다. 원래가격은 16만 원. 방탄소년단의 경우는 더 심하다. 6월 방탄소년단 콘서트의 경우 9만 원대 티켓을 500만 원대에 팔겠다는 게시글도 있었다. 매크로 이용자들은 마우스 하나하나를 움직여 예매하는 일반인과는 비교가 안 될 정도로 빠르게, 그것도 대량으로 좌석을 선점할 수 있다.

온라인 티켓발매에서 이처럼 5분 만에 혹은 1분 만에 표가 매진되는 이유는 사실상 매크로가 동원되기 때문이다.

매크로는 특정 명령을 반복 입력하는 자동 프로그램으로 공연 일시와 좌석, 결제 방식 등 각 단계에 따른 입력을 자동으로 한 번에 처리해 입력 시간을 크게 단축시켜주기 때문이다.

매크로는 일정한 패턴을 이용해 단순 반복을 가능하게 하는 프로그램. 따라서 아이디만 많이 확보할 경우 이를 동원 동일한 댓글, 추천 수 등을 빠르게 조작하는 것도 가능하다. 이미 광고업계에서도 마케팅 작업을 위해 이용되고 있었고 알 만한 사람은 다 알고 있었던 것이 드루킹 사건 때 불거진 것이다.

드루킹은 노사모시절부터 20여 년간, 뒤이어 안희정 노회찬 등 친노무현인사들을 불러 강연회를 갖기도 했고, 김경수와 친분관계를 갖고 출판사를 차려 조직적으로 네이버 등 포탈에서 여론조작행위를 해 여론을 환기하는 역할을 했다. 특히 매크로 프로그램을 통해 우호적인 댓글을 짧은 시간에 다량으로 달아 댓글 여론조작을 감행했다.

그들은 배신당했다고 생각했다. 그래서 평창동계올림픽전 남북단일팀 논란 등과 관련된 기사 댓글창에서 문재인 정부를 비방하는 댓글을 달기 시작했다. 민주당에서 사이버수사대에 수사의뢰를 하자 이를 주도한 드루킹은 페이스북에 "대선 댓글부대가 누구인지 까줄까"라며 물타기 작전을 감행했다. 믿는 구석이 있어서였다. 드루킹 일당은 대선을 앞두고 문캠프에 우호적인 댓글을 달아주고 전폭적인 지지활동을 해왔고 지지자가 대통령이 됐다.

하지만 김경수 지사가 자신들이 지원하는 인물을 일본총영사로 보내달라는 요청을 거절하자 분개했다. 그들은 단일팀 관련해서 문재인 정부의 방침에 반대하고 비방하는 메크로 수법으로 다시 여론을 조작한다.

드루킹은 일종의 음지에서 활동하는 정치브로커였다. 그래서 천대당했고 대선때 적지않은 사이버 여론조작에 가담하고도 대가를 제대로 받지 못한 셈이다.

만일 그들이 오사카 총영사 자리를 받았다면 어떻게 됐을까. 그들은 아직도 사이버 여론조작을 하고 있을지 모른다.

그들 입장에서는 배신당했다고 생각했겠지만, 국민들에게는 다행스러운 결과다. 댓글조작을 통한 여론조작은 계속돼왔다. 지금도 우리가 알지못하는 곳에서 은밀하고 비밀스럽게 사이버 공간을 조작하는 집단이 있다. 다만 드러나지 않을 뿐이다.

드루킹 말고도 무언가 공통의 이익을 목적으로 하는 이들이 모인다면 이 방법을 택할 것이다. 이 같은 조직은 지금 이 시간에도 또 다른 목적을 위해 활동하고 있을 것이다. 사이버상에서 이처럼 효과적인 여론조작의 방법을 피해갈 이유가 없다. 캡차(스팸메일 활동이나 해킹을 막기 위해 사람과 프로그램을 판별해 주는 기술)가 자동화된 프로그램을 잡아낼수 있겠지만 그것도 한계가 있다. 바이러스가 진화하듯 새로운 우회기술들이 쏟아져 나오기 때문이다. 매크로보다 효과적인 새로운 기술들이 계속 도입될 것이고, 그것을 찾아내기는 쉽지 않으리라.

우리가 사는 세상은 여전히 조작 가능하다. 완벽한 시스템은 없다. 어디든 구멍이 있다는 이야기다. 자율주행, 드론, 인공지능까지 4차 산업혁명의 도구들도 구멍이 있고, 해커들은 백도어를 공략할 것이다. 인간이 시스템에 개입할 것이고, 특정 권력이나 테러리스트, 사익을 추구하는 집단들이 시스템을 장악하고 인간을 지배하려할 것이다. 가장 우려스럽게 생각하는 위험한 시나리오다. 매크로 자체는 훌륭한 프로그램이다. 누가 그것을 사용하는가의 문제이다.

카카오톡 사찰의 교훈

한국 인터넷산업의 미래가 중대한 기로에 서 있다. 카카오톡은 전 국민의 대다수가 사용하는 국민 메신저일 뿐 아니라 전 세계 가입자 수가 1억 명에 달하는 글로벌 메신저이기도 하다. 게다가 최근 인터넷 포털 다음과 합병, 새로운 기대를 모으고 있는 중이다.

그런 상황에서 카카오톡 사찰이 밝혀졌다. 검찰이 사이버 검열 방침을 공식화한 것이다. 이후 1주일 사이에 보안이 보장된다는 이유로 독일의 텔레그램으로 150만 명이 이동했다. 생각 없는 일부 정부 고위관료의 잘못되고 성급한 판단과 결정이 한순간 카카오톡 사용자들에게 혼란과 불신을 안겨다 준 것이다. 물론 카카오톡도 문제가 없는 게 아니다. 일찌감치 보안과 프라이버시에 신경을 썼더라면 충분히 사용자들의 사생활 노출과 감청에서 자유롭게 할 수 있었지만 그것을 외면했다.

미국을 비롯, 영국 등 30여 개의 유럽 국가들이 감시, 감청프로그램을 가동하고 있다는 사실은 이미 밝혀진 바 있다. 이집트 등 아랍의 독재 국가들 역시 국민의 대화를 감시하는 도청 프로그램을 사용한 것이 밝혀지기도 했다. 내란죄, 강간, 상습협박 등 통신비밀보호법에서 규정된 일부 중범죄에 한해 감청을 하는 것까지 뭐라고 할 수는 없다. 하지만 굳이 검찰이 나서 사이버 검열을 공식화한 이유는 무엇일까. 일종의 협박 아닌가. '우리가 감시하고 있으니, 말조심해라'하는 무언의 압박.

모든 것을 이처럼 법이나 규제를 통해 하겠다는 구시대적 발생은 이뿐이 아니었다. 전 세계 인터넷 게임시장의 선두를 달리고 있는 한국 게임 업체들에게도 게임중독법을 만들어 족쇄를 채우려고 했던 일부 국회의원의 움직임도 있었다. 게임중독법의 의도는 충분히 알겠지만, 그런 식의 규제는 아무런 도움이 되지 않는다. 게임중독법으로 한때 게임사들은 주눅이 들어있었고, 아예 서버를 외국으로 옮겨 사업을 하려는 업체도 있었다고 한다. 이를 틈타 일부 국가에서는 좋은 조건으로 한국의 게임사들을 유치하겠다고 공개적으로 나섰다. 그렇게 우리 게임사들이 외적 요인으로 주춤하는 사이 외국의 게임사들은 게임 개발에 전념하면서 무섭게 약진했고, 전 세계 시장을 장악하고 나섰다.

법으로 게임을 규제하겠다는 생각은 애초부터 잘못된 발상이었다. 차라리 솔직하게 메이저 게임업체들이 사회적 책임과 의무를 다할 수 있도록 유도하는 것이 나았을 것이다. 게임회사는 수익의 일부를 기부하고, 재활기관을 만들고, 지원해 나가는 것이 하나의 방법이다. 구시대적 발상으로 법을 통해 게임업체를 압박하려 한 것은 오히려 게임회사가 게임개발에 전념하지 못하게 하는데 한 몫 했을 뿐이다. 다행히 게임중독법 입법은 일단 보류된 것으로 알려졌다.

2013년 박근혜 대통령은 가능한 모든 규제를 철폐하겠다고 날마다 강조했다. 또 창조경제의 축이 인터넷산업이 될 것이라고 수차례 강조하기도 했다. 하지만 현실은 어떤가. 인터넷산업에 대한 전폭적인 지원이 이루어지고 있는가. 아니면 발목을 잡는 일들이 벌어지고 있는가. 인터넷산업은 우리시대의 미래다.

특히 사물인터넷 시대로 이행하는 상황에서 이런 식의 규제와 정부의 태도는 곤란하다. 아니 위험하다. 지금 같은 상황이 지속된다면 카카오톡 가입자가 한순간에 썰물처럼 빠져나갈 것이다. 둑과 모래성이 무너지는 것은 한순간이다.

우리 인터넷산업의 미래는 중대한 기로에 서 있다. 사실상 국가의 인프라의 모든 부분은 네트워크화한 IT시스템에 의존하고 있다. 이 중요한 시기에 정부의 구시대적 발상은 한국 인터넷산업의 미래에 중대한 걸림돌이 될 수 있다. 나아가 한순간 우리 인터넷 미래를 망칠 수도 있는 어려운 사태를 가져다 줄 수 있다. 국가의 지원과 따뜻한 격려가 필요한 시기다. 동냥은커녕 쪽박을 깨지 않기를 바란다(검찰 카카오톡 사찰공개선언 후. 한국일보, 2014. 10. 12.).

스노든에게서 온 편지

 자정이 가까워온다. 호텔 식당 문은 모두 닫혔다. 경호원들의 발소리만이 들릴 뿐이다. 호텔 창밖으로 내려다본 하늘은 음산하다. 곧 ,이라도 내릴 기세다. 떠날 때만 해도 이렇게 긴 여정이 될지 몰랐다. 홍콩, 러시아, 그리고 중국…. 노트북과 USB는 중국 당국이 가져갔다. 하지만 모든 기밀파일은 내가 아는 다른 인터넷 서버에 고스란히 저장돼 있다. 마음껏 깊은 잠에 빠져 보는 게 소원이다. 하루도 수면제 없이는 잠을 이루기 힘들다. 수면제를 먹어도 악몽에 시달리다가 깨기 일쑤다. 왜 나는 이 길을 택했는가.

나는 배신자도 아니고, 영웅도 아니다. 그저 미국 시민 중 한 사람일 뿐이다. 내가 사는 세상은 위험하고 적대적이다. 게다가 NSA가 하는 일은 늘 의미가 있고, 정의를 기초로 한다고 믿고 있었다. 보람도 느꼈다. "대중감시가 국가안보라는 이름으로 정당화될 수 있는 것일까. 감시프로그램이 합법적인 것일까." 그 부분에 다가서면 나는 늘 고민에 빠질 수 밖에 없다. 나는 모든 사람들이 마지막으로 내 말에 귀를 기울이기를 바라는 마음으로 메일을 쓴다. 빅브라더라느니, 감시사회니 하는 게 조지 오웰의 『1984』 빅브라더에만 나오는 이야기가 아니라는 것, 그것 하나만이라도 알아주었으면 하는 바람이다.

　나는 종종 감시망을 뚫고 시스템을 침입하는자들을 목격한다. 그들은 중요 시스템에 들어가기 위해 입력감지기로부터 입력값을 가로채고 거짓 입력데이터를 계속 송출, 시스템에 아무런 문제가 없는 것처럼 속인 뒤 시스템 안으로 숨어 들어가기도 한다. 이는 마치 할리우드 영화에서 감시카메라에 이미 녹화된 필름을 돌아가게 만들어 속이는 것과 같은 이치다. 그런 방법이 아니더라도, '케이스 바이 케이스(case by case)'로 대처한다면 아무리 보안이 뛰어나더라도 시간이 걸릴 뿐, 해킹 최고수들은 결국 뚫어낸다.

얼마 전 유튜브를 뒤지다 우연히 사업 경쟁자나 라이벌들의 사이트를 저렴한 가격에 공격해주겠다고 떠드는 흑인소년의 광고를 접했다. 또 프라이버시까지 얼마든지 캐내줄 수 있다고 덧붙이기도 한다.

내가 하고 싶은 말은 이것이다. 프라이버시나 개인정보가 얼마나 손쉽게 타인의 표적물이 되고, 노출될 수 있는지 사람들이 여전히 인식하지 못한다는 게 안타깝다. 그게 우리의 현실이고 실제 상황인데 말이다.

소심한 해커들을 위해 대신 해킹 벤처업체들이 속속 늘어나고 있다. 음지 범죄자들은 해커들을 고용해 월급을 주고, 음지에서 불법해킹을 자행한다. 큰 수익을 올리는 도박업체의 경쟁 사이트에 디도스 공격을 퍼붓거나 계좌를 털어 수익을 올린다. 개인의 프라이버시와 정보가 이제는 그들의 수익수단이 되고 먹잇감이 된다. 어떤 위기가 내 앞에 들이닥칠지는 알 수 없다.

하루에도 수십만 개의 악성코드가 출현하고, 특정 웹사이트에 접속하거나 인터넷에서 다운받은 프로그램을 깔거나, 메일의 첨부파일을 여는 것만으로도 순식간에 컴퓨터는 봇(bot)에 감염된다. 더 이상 내 컴퓨터가 아니다. 언제든지 해커의 조종에 따라 움직일 수 있는 꼭두각시로 전락한 지 오래다.

프라이버시와 개인정보의 노출 위험은 그저 국가 주요 인물이나 반체제 인사들에게만 적용되는 일이 아니다. 누구나 어디서나 가능한 일이다. 특히 여성들은 조심하라. SNS 등에 실리는 사진의 50% 이상이 GPS 정보 위치를 달고 있다는 사실을. 모르는 사람이 당신의 위치를 탐색해 나간다면 아마 쉽게 동선을 파악할 것이다. 만일 스토킹을 하려 한다면 당하는 수밖에 없다.

디지털 혁명이 가져다준 도구가 오히려 이렇게 인간을 옥죄는 것은 마치 영화 〈2001 스페이스 오딧세이〉에서 주인공이 만든 인공지능 로봇이 반란을 일으키고 오히려 배신하는 장면을 보는 것처럼 고통스럽고 두렵다.

남의 일처럼 생각하지 않기를 바란다. 그리고 "세상에 그런 일이 어떻게 벌어질 수 있는가,라고 반문하는 이들이여, 걱정하지 마라, 실제로 그런 일이 벌어지고 있다." 다시 한번 말하지만 우리 사회는 빅데이터나 전자정부로 인해 데이터는 통합되고 있다.

여러분의 일거수일투족이 다 기록되고 의도했든 그렇지 않든 감시당하게 것이다. 만일 나쁜 마음을 먹은 누군가 그곳을 해킹하거나, 또 권력자가 나쁜 방법으로 그것을 활용하려 한다면 앉아서 당하는 수밖에 없다.

죄를 저지른 해커를 잡는 게 그리 쉬운 일은 아니다. 인터넷상에서 국제법은 효력이 없다. 한편 스위스 계좌에 수천만 달러를 입금해놓고 호의호식을 하며 전 세계를 주름잡는 악명높은 해커들도 있지만, 그들이 잡혔다는 소식은 좀처럼 들리지 않는다. CIA도 FBI도 쫓다 지쳐 수수방관하는 처지로 전락하기도 한다.

앞에서 언급했듯이 나는 배신자도 영웅도 아닌 그저 미국의, 아니 세계의 한 시민일 뿐이다. 그리고 내 신념대로 행동했다. 그리고 나의 글을 기억 해주기를 바랄 뿐, 더 이상의 고통과 어려움이 닥쳐온다 해도, 어찌해 볼 수 없다. 한 치 앞도 내다 볼 수 없는 적막한 어둠만이 둘러싼 새벽에.

디지털에서 인간을 발견하다
지은이 | 최희원
만든이 | 하경숙
만든곳 | 글마당
편집 디자인 | 정다희
(등록 제02-1-253호, 1995. 6. 23)

만든날 | 2019년 5월 31일
펴낸날 | 2019년 6월 15일

주소 | 서울시 송파구 송파대로 28길 32
전화 | 02. 451. 1227
팩스 | 02. 6280. 9003

홈페이지 | www.gulmadang.com
이메일 | vincent@gulmadang.com

ISBN 979-11-961922-8-0(03400)

◈ 이 책의 무단복제나 무단전제는 지적재산을 훔치는 저작권 위반 행위입니다.
◈ 잘못된 책은 바꾸어드립니다.
◈ 이 도서의 국립도서관 출판사도서목록(CIP)은 서지정보유통지원시스템 홈페이지 (http://seoji.nl.go.kr)와 국가자료종합목록시스템(http://www.nl.go.kr/ kolisnet) 에서 이용하실 수 있습니다.